HISTÓRIA DO ESOTERISMO MUNDIAL

Hans-Dieter Leuenberger

HISTÓRIA DO ESOTERISMO MUNDIAL
DA ATLÂNTIDA AOS DIAS ATUAIS

Tradução
ZILDA HUTCHINSON SCHILD SILVA

Editora
Pensamento
SÃO PAULO

Título original: *Das Ist Esoterik*

Todos os direitos reservados. Nenhuma parte deste livro pode ser reproduzida ou usada de qualquer forma ou por qualquer meio, eletrônico ou mecânico, inclusive fotocópias, gravações ou sistema de armazenamento em banco de dados, sem permissão por escrito, exceto nos casos de trechos curtos citados em resenhas críticas ou artigos de revistas.

A Editora Pensamento-Cultrix Ltda. não se responsabiliza por eventuais mudanças ocorridas nos endereços convencionais ou eletrônicos citados neste livro.

Originalmente publicado com o título de *O que é esoterismo*.

Dados Internacionais de Catalogação na Publicação (CIP)
(Câmara Brasileira do Livro, SP, Brasil)

> Leuenberger, Hans-Dieter.
> História do esoterismo mundial : da Atlântida aos dias atuais / Hans-Dieter Leuenberger ; tradução Zilda Hutchinson Schild Silva. — São Paulo : Pensamento, 2009.
>
> Título original: Das Ist Esoterik.
> ISBN 978-85-315-1588-0
>
> 1. Esoterismo I. Título.

09-06355   CDD-133-09

Índices para catálogo sistemático:
1. Esoterismo : História   133.09

O primeiro número à esquerda indica a edição, ou reedição, desta obra. A primeira dezena à direita indica o ano em que esta edição, ou reedição, foi publicada.

Edição   Ano
01-02-03-04-05-06-07   09-10-11-12-13-14

Direitos reservados
EDITORA PENSAMENTO-CULTRIX LTDA.
Rua Dr. Mário Vicente, 368 — 04270-000 — São Paulo, SP
Fone: 2066-9000 — Fax: 2066-9008
E-mail: pensamento@cultrix.com.br
que se reserva a propriedade literária desta tradução.

Sumário

Prefácio 7

Parte A

No Início Era o Fogo 11
Pã – Filho de Hermes 29
O Caudal do Conhecimento Esotérico Através dos Séculos 51
   Hermes Trismegisto 61
   O Helenismo 64
   Do Monte Sinai até o Templo de Jerusalém 71
   A Igreja e a Gnose 73
   O Neoplatonismo. Apolônio de Tiana 80
   Os Celtas 82
   Os Templários 85
   Os Cátaros 92
   O Graal 94
   O Renascimento 97

Paracelso 100
Os Rosa-Cruzes 102
O século XVIII 106
O Ano de 1875 110
A Ordem da Aurora Dourada 126
Aleister Crowley 132
Gurdjieff e sua Escola 140

Parte B

Preâmbulo 155
   A Astrologia 158
   A Alquimia 165
   A Magia 169
   A Cabala 177
   O Tarô 180
   A Teosofia e a Antroposofia 184
   Reencarnação e Karma 190
   O Simbolismo 196
   O Xamanismo 199
   Bruxas 202
   Medicina Esotérica 205
   O Esoterismo Oriental 209
   I Ching 214
   Beletrística Esotérica 216
   Revistas 222
   Como Começar? 222
Bibliografia 224

Prefácio

O interesse pelo esoterismo e pela literatura esotérica vem aumentando nestes últimos anos. O que antes era considerado um refúgio protegido da natureza para visionários e pessoas com algum tipo de "loucura", tornou-se, paradoxalmente, cada vez mais interessante para as pessoas jovens. Ao mesmo tempo cresceu a procura por uma literatura esotérica e, pouco a pouco, foram surgindo editoras bastante especializadas no assunto. A oferta de livros específicos sobre o assunto continua a crescer, e quem se vê diante deles pela primeira vez, facilmente perde a visão do conjunto, correndo o risco de perder-se em meio a tudo o que é oferecido sob o conceito de esoterismo; e, em muitos casos, quando acha a saída, descobre que continua tão ignorante quanto antes.

Mas o que é esoterismo? Eis a pergunta que, ultimamente, nos é feita com maior frequência. Este livro tenta dar uma resposta compreensível, e não algo dos dogmáticos limites do conceito de esoterismo. De mais a mais, não se pode deixar de reparar que o *boom* dos últimos anos não tornou o conceito de esoterismo necessariamente mais transparente. É meu objetivo mostrar que o esoterismo não é simplesmente outra palavra para alternativo, verde ou, talvez, algo de muito vago, mas que por esoterismo se entende uma tradição espiritual milenar da humanidade com a qual, nós, ao menos no Ocidente, perdemos cada vez mais o contato no decurso dos últimos séculos. Na minha opinião, e também na opinião de outras pessoas, ele oferece a única oportunidade de sobrevivermos às exigências da época que está por vir.

O caminho esotérico é um caminho que cada pessoa tem que trilhar sozinha, mesmo se vier a se unir a pessoas com ideias semelhantes. O caminho esotérico é o caminho do indivíduo numa época de massificação. Isso significa a tomada de decisões. Este livro pretende dar informação sobre onde é possível encontrar algo de que se está à procura. No entanto, guardar e elaborar o que encontrar é um trabalho que compete a cada um. Assim sendo, este livro contém, talvez, uma composição das peças isoladas de um mosaico com as quais cada pessoa deve procurar formar um quadro completo. Portanto, o livro somente pode mostrar o lugar, os pontos de partida e como entrar num tema tão complexo.

No seu sentido profundo, o esoterismo não pode ser ensinado ou aprendido, mas apenas vivido e, o mais importante, sentido.

As informações contidas neste livro foram reunidas segundo o melhor critério. Não se trata de algo fácil de fazer, principalmente no que se refere às datas e à ortografia, pois nesse âmbito utilizam-se e transmitem-se as mais diversas variantes.

Frauenkappelen, Berna Jaggisbachau

HISTÓRIA DO
ESOTERISMO MUNDIAL

PARTE A

No Início Era o Fogo

G ritos fantasmagóricos e assustadores soam nas trevas; um ruído ensurdecedor, causado por uma multiplicidade de vozes, cujos timbres particulares mal podem ser determinados. Lentamente, surge na escuridão da noite um brilho tênue. Hesitantemente, cresce a intensidade do fogo. Sua luz incide sobre o rosto dos homens bárbaros que, numa aparente segurança embotada, quase não demonstram interesse ao ouvir esse ruído. A cena se amplia, mostrando pares brilhantes de olhos que parecem ser destituídos de corpo. Eles fixam cobiçosamente o círculo de luz, espiando lá do escuro. Se algum deles se aproxima demais, o humano pega um bastão e o ergue ameaçadoramente na direção do ser, que com um uivo se refugia outra vez nas trevas.

O que estou descrevendo aqui pertence, tal como um ritual mágico de juramento, à primeira cena do filme *A Guerra do Fogo*.

Um ser protege sua vida contra as ameaças cada vez maiores da natureza, que o cerca de luz e calor; isso aconteceu há 80.000 anos. Estamos em meados da última Era Glacial. Não sei se o produtor formulou intencionalmente essa cena, mas eu não teria imaginado maneira melhor de apresentar a situação da humanidade em seus primórdios.

Naquela ocasião, o homem resolveu agir para poder sobreviver no ambiente hostil que o cercava por todos os lados, bem como para afirmar sua existência e conquistar para sempre aquilo que lhe era necessário à vida, e que hoje denominamos de qualidade de vida. O mencionado filme parece-me digno de nota em vários sentidos; ele é extraordinariamente adequado para demonstrar ao homem moderno como tudo começou de fato, mostrando-lhe também com que ajuda ele pode contar para deixar sua ameaçadora situação e alcançar um estado que denominamos de cultura e civilização, embora nem sempre estejamos totalmente de acordo com tudo o que se relaciona com esses dois conceitos.

Quem desejar ocupar-se com o esoterismo como expressão do conhecimento transmitido pela humanidade encontrará nesse filme uma informação extraordinária. Bem, é claro que recomendo a explicação dada pelo filme, visto que agora é possível obtê-lo nas videotecas. Talvez, por certo, esse filme não seja indicado para pessoas de temperamento sensível, representando até mesmo uma iguaria pouco digerível, pois ele mostra sem disfarces e de forma honesta as cenas de violência, de repressão e de crueldade, coisas que naquelas épocas longínquas faziam parte do cotidiano dos povos. Mas, como ainda veremos, talvez seja este o grande tema que preocupa novamente a humanidade em sua luta pelos valores mais elevados e pela luz.

Considero quatro cenas, de certa forma, conclusivas. Em princípio, elas mostram com que tarefas e problemas os homens tinham de lidar na época de sua partida rumo à evolução. Já mencionei o primeiro problema, o vazio noturno em que apenas aquele fogo extraordinário oferecia proteção aos homens contra a violência da natureza. Em vários sentidos, o fogo não era uma "matéria" palpável, e só era obtido com grande risco, pois os homens primitivos literalmente só o obtinham como uma dádiva dos deuses, em forma de raio, ou como uma massa de lava provinda das entranhas da Terra. Caso esse fogo, tão necessário quanto assustador, se perdesse devido à negligência, a circunstâncias infelizes ou fosse roubado com violência, nada mais restaria aos homens a não ser ousar enfrentar o horrível meio ambiente (esse é o conteúdo do filme) a fim de reconquistar o que perderam naturalmente por meio de roubo e de violência, ou na desesperada tentativa de obtê-lo novamente por meio de uma força vinda de outra esfera, como a queda de um raio ou uma erupção vulcânica; provavelmente o homem daquela época já considerava e definia o fogo como algo divino e transcendental.

Essa busca pelo fogo, na verdade algo essencial à vida, na falta do qual a sobrevivência de toda a comunidade estaria ameaçada, pode, sem delongas, do ponto de vista moderno, ser vista como uma analogia à busca do Santo Graal. Essa comparação, de resto, só pode ser considerada blasfema por aqueles que preferem olhar, sem "ver", toda violência e os derramamentos de sangue contidos justamente no círculo de lendas acerca de Artur, de Percival e do Santo Graal. Em nossa busca pela essência do esoterismo, na verdade, sempre tornaremos a esbarrar com essas semelhanças, com resquícios e rastros que mostram com clareza como pode tornar-se duradoura a lembrança de perigos e sustos sofridos num ambiente hostil, impregnando-se nas camadas mais profundas da psique humana.

O primeiro passo dado pelo homem no sentido de vencer a dualidade ego/natureza pode ter sido uma das mais importantes etapas da evolução humana; de início, talvez ainda inseguro, ele fez as tentativas de unir-se a essa natureza e de adotar um comportamento condizente com essa união. Também esse passo vemos representado na exibição do filme. Os homens, que haviam saído das cavernas a fim de procurar o fogo perdido, repentinamente se defrontam com dois perigos no deserto. De um lado, são ameaçados por uma horda de homens e, do outro, por uma manada de mamutes que lhes elimina a possibilidade de fuga. Trata-se de uma situação geradora de um enorme impasse. As cenas que se seguem, para mim, são as mais impressionantes do filme. Um dos homens arranca um tufo de grama do solo e caminha, tremendo de medo, embora sem hesitação, ao encontro dos mamutes, levando à frente o tufo de grama como se este representasse uma tocha, numa tentativa desesperada de transmitir aos gigantescos animais: "Nós não somos inimigos, não queremos atacá-los; ao contrário, só desejamos fazer-lhes o bem. Aceitem a grama do deserto. Vejam, eu estou lhes trazendo grama. Aceitem-na de mim e reconheçam que somos seres parecidos com vocês, pois sabemos o quanto a alimentação significa; estamos dispostos a dar-lhes alimento sempre que for preciso." A comunicação é bem-sucedida. Os focinhos dos enormes animais agarram os tufos de grama, eles comem e assim se estabelece uma espécie de pacto, pois quando a horda de atacantes se aproxima, os mamutes assumem uma posição de ataque, dispersando-os. O ritual surtiu efeito. O sacrifício fora aceito. O homem descobriu que as forças da natureza eram iguais às dele, descobriu que podia contar com elas e associar-se a elas, segundo o lema: somos iguais, pois assim como você, também sinto fome; eu lhe dou sustento e você come, em troca recebo sua proteção. A cena mostra como o homem reconhece nas forças da natureza o princípio divino que, em última análise, se parece com ele mesmo. O homem aprende que é o mais fraco, mas que, no entanto, pertence a essa natureza e pode conhecê-la através da própria sensação e sentimento. Vista desse ângulo, a cena nada mais mostra do que o nascimento da religião ou, talvez, até mesmo do misticismo, como uma luta pela união com essas forças consideradas sobrenaturais.

O final do filme mostra o sucesso da longa, perigosa e cansativa busca pelo fogo. Este é trazido de volta aos que ficaram nas cavernas, passando frio. Contudo, o fogo volta logo a se perder por descuido dos homens. Também aí é impossível deixar de ver os paralelos com o mito do Graal. Agora é a mulher que traz a salvação. Pertencendo a uma estirpe estrangeira, ela é seguida pelo grupo devido a um arcaico e arraigado sentimento no qual se podem ver as primeiras centelhas de amor. A mulher domina a arte de fazer o fogo. O homem não dependia mais da ocasional interferência de uma esfera transcendente divina, pois já era possível fazer o fogo. Começava a era da magia, pois magia e ação provinham da mesma raiz.

Posso bem imaginar como várias pessoas que por minha sugestão assistiram ao filme saíram do cinema irritadas ou até mesmo desapontadas. Elas perguntarão: "Mas o que significa isso? Estou cheia da vontade de lutar por tudo o que é mais elevado. Volto-me para a sabedoria primordial, volto-me para a sabedoria secreta, volto-me para o lado espiritual da humanidade, a fim de num esforço honesto, me elevar acima das mesquinharias comuns deste mundo, e me vejo diante de toda essa violência, de tudo o que é primitivo e inferior, exatamente diante de tudo aquilo de que estou procurando fugir." Aqui nos vemos diante de um mal-entendido que, simultaneamente, representa um dos perigos do esoterismo.

Para muitos seres humanos, o fato de se ocuparem com o esoterismo não ocorre unicamente no sentido de uma luta e esforço sérios pela obtenção do conhecimento superior mas, com demasiada frequência, por trás dessa ânsia oculta-se apenas a fuga do confronto com os problemas mais banais da vida e de sua resolução. Não é isso que o esoterismo pretende. O esoterismo não pretende afastar as pessoas da vida, mas sim conduzi-las exatamente para o centro da vida. Portanto, isso também significa o confronto com o que se considera feio, animalesco, com o mundo bem simples da forma como ele foi criado. Quem quiser vencer um oponente, primeiro tem de conhecer suas características e os seus pontos fracos. Quem deixar de fazer isso, inicia a batalha como perdedor. O conhecimento esotérico não deve levar a pessoa a fugir do mundo, mas destina-se a ajudá-la a viver da melhor maneira possível.

Quem aceitar essa ideia e entender esse conceito, descobrirá que não é necessário retirar-se para um mosteiro no Himalaia passando por tudo quanto é perigo, mas que os segredos esotéricos e a finalidade do esoterismo estão aqui mesmo neste mundo e talvez façam parte dele. Ilustremos isso com uma experiência pessoal.

Certa vez, encontrei um homem santo num mosteiro aos pés do Himalaia. Pelo menos ele me foi apresentado como tal, e o meu acompanhante, que havia percebido o quanto eu me interessava por essas coisas, me possibilitou esse encontro e serviu ao mesmo tempo como intérprete. O homem vivia literalmente dentro de um armário, cuja área talvez mal chegasse a dois metros quadrados; ele tinha exatamente o espaço suficiente para deitar-se encurvado na diagonal à noite. De dia, as duas portas do armário eram abertas. Ao que parecia, o santo só abandonava o armário para atender as suas necessidades. Seus discípulos levavam-lhe suprimentos e água. Fazia quase vinte anos que ele saíra das regiões da Índia e subira até aquele lugar, fazendo do armário o seu mundo.

Meu acompanhante o apresentou como um homem ocidental, que estava trilhando o árduo caminho em busca de conhecimento e que ansiava encontrar o conhecimento mais elevado, e portanto, buscava maiores informações. Foi então que o santo começou a me dar lições. Ele me disse muitas coisas boas e sábias, palavras com as quais eu concordei de todo o coração – só que eu já conhecia o sentido e o conteúdo do que ele me disse. Nada havia de novo para mim, e todas as lições que ele me deu eu já havia aprendido de outra maneira. A única diferença entre nós era o fato de eu não ter passado nenhuma época da minha vida trancado num armário. Eu me oriento pela liberdade e pela amplidão, e pretendo aproveitar a banal vida cotidiana, com todos os seus altos e baixos. Observar esse "santo" deixou-me triste. Pensei em todos os anos que ele viveu bem possivelmente sem ódio ou raiva em seu sábio isolamento, mas que provavelmente também foram vazios de amor, de prazer e de alegria. E lá estávamos nós, olhos nos olhos, ele um homem santo, e eu um mero mortal, bem simples; mas que, no entanto, por dois caminhos diferentes havíamos obtido o mesmo conhecimento. No entanto, saí dali com a certeza de que, no que se refere ao conhecimento, prefiro ser um homem mundano a ser um santo. Com isso, não estou dizendo que sou contrário à santidade, mas que tanto faz ser homem santo ou mundano, tudo depende da decisão livre da consciência, além de ser uma questão de temperamento. Conseguiremos alcançar o centro caminhando por qualquer um dos dois caminhos.

Mas voltemos às nossas considerações sobre o filme *A Guerra do Fogo*. Não sei quantas pessoas assistiram ao filme ou quantas ainda irão assisti-lo, mas devem ultrapassar cem mil. Quantos terão percebido que esse filme não só mostra o curso exterior do desenvolvimento da humanidade, como também revela os profundos segredos sobre a evolução esotérico-espiritual dos homens? Todos assistiram ao mesmo filme, viram a mesma sequência de unidades cênicas em que a história é contada com todos os seus detalhes. Isso significa também que aquele que apreende o sentido mais profundo, com sua visão física, não vê mais do que aquele que apenas o entende como um espetáculo emocionante e repleto de aventuras. Pode-se definir isso com dois conceitos da moderna psicologia: Consciência e Inconsciência. Todos os espectadores têm à disposição as mesmas informações das quais se podem tirar as desejadas conclusões. Contudo, muitas pessoas não o fazem. Será que isso significa que, diante do sábio devem sentir-se complexadas ou, o que é ainda pior, sem esperança de alcançar uma etapa superior de raciocínio e de conhecimento, que as deixaria para sempre na condição de meros espectadores, sem possibilidades de evolução? Não. O sábio consegue extrair conhecimento das informações que estão à sua disposição; esse conhecimento não significa, necessariamente, segundo se ouve citar, "poder"; ele serve antes para formulação dos instrumentos com os quais se obtém ou se constrói algo.

Mas, também aqueles para os quais a história representa um mero espetáculo de suspense e uma diversão, não saem de mãos vazias, pois receberam todo o conhecimento que foi armazenado no inconsciente, onde é guardado até chegar o momento adequado em que é trazido à tona e pode ser usado à luz da consciência, o que talvez leve meses, anos, décadas e, em alguns casos, até mesmo séculos.

Esse pensamento também responde a uma pergunta que, provavelmente, já ocorreu a vários de vocês: "Os produtores, o diretor e os artistas incluíram intencional e conscientemente esse cabedal de informações esotéricas no filme, como tentei fazer crer?" Acho que não, pois os produtores do filme eram antes cientistas que pretendiam, com base em conhecimentos arqueológicos e científicos comprovados, mostrar em que condições os homens da Era Glacial afirmavam sua existência. E se lhes disséssemos que em seu filme há bastante conhecimento esotérico e mitos, eles com certeza se defenderiam assustados e contestariam o fato. No entanto, a mensagem está incluída no filme, não dá para contestá-la; basta reconhecê-la com o olhar de quem sabe. Ela foi incluída pelos produtores do filme mesmo sem uma intenção consciente, a partir das profundezas do inconsciente, onde essa sabedoria e esses conhecimentos repousam há milhares de anos em estado latente. Todos nós, sem exceção, somos sábios. Mas, apenas uma parte da humanidade conseguiu até agora trazer este conhecimento à luz da consciência, de tal modo que ele se tornasse acessível e disponível. O momento em que isso acontece é talvez, entre outras coisas, um dos aspectos do que se convencionou chamar de "iniciação". A iniciação está sempre no fim de um caminho longo e cansativo, quando o ser humano ultrapassa o escuro limiar da inconsciência e alcança a luz da consciência.

Se, devido a essa última frase, dei a impressão de que, segundo uma visão elitista do mundo, a humanidade pode ser dividida em duas classes, os esoteristas e os não esoteristas, respectivamente, os iniciados e os não iniciados, é mais do que tempo de desfazer esse engano. Portanto, não nos ocuparemos mais com o conceito de esoterismo e seu significado, visto que é exatamente esse conceito que é muito mal-interpretado, seja por desconhecimento, seja intencionalmente. O termo tem origem na palavra grega *esoterikos*, que significa interior, oculto, em casa ou, numa definição bem aleatória, "não destinado ao público". O conceito contrário é exotérico e significa "orientado para o exterior". Dou preferência a essas traduções "voltado para dentro" e "voltado para fora", visto que outras traduções, como "secreto", podem levar a muitos mal-entendidos e serem mal usadas. Na época contemporânea, podemos muito bem ampliar as definições da palavra "esotérico" como "algo que se tornou claro para mim" ou "acendeu-se uma luz dentro de mim". Não tem nenhuma importância se esse esclarecimento foi ocasionado por influências exteriores, se foi devido a um aprendizado, ou se aconteceu por um conhecimento interior espontâneo. Com isso, espero que o termo "esotérico" tenha perdido algo de seu sabor elitista e discriminatório.

No entanto, se observarmos a história da humanidade, o esoterismo sempre foi algo para poucos, o que em muitos casos teve amplas consequências no âmbito social. É por isso que a classificação social e as mudanças que ocorrem, de maneira tão brutal, na atual sociedade exigem que analisemos o conceito de "esoterismo" de modo novo, além de pensarmos um pouco sobre ele. Ao fazê-lo, constataremos que essa palavra tem atualmente um significado diferente daquele transmitido pelo passado.

Uma pessoa não esotérica, com certeza, também aprovará o fato de que atualmente somos testemunhas de uma mudança de valores. É impossível deixar de ver que estamos numa fase de transição entre duas épocas, em que uma está chegando ao seu final e outra está começando. Na linguagem usada pelo esoterismo, isso significa a mudança da Era de Peixes para a Era de Aquário. O que quer dizer isso?

"Peixes" e "Aquário" são nomes dados tradicionalmente a segmentos do Zodíaco. O Zodíaco é um círculo graduado no céu, projetado pelos homens, para que os auxiliassem a medir os movimentos do Sol e de seus planetas. O Zodíaco está dividido em doze signos zodiacais, cada um deles com o nome de uma constelação, com a qual está associado há milhares de anos. Hoje os signos não estão mais em concordância com as constelações que lhes deram o nome. O motivo para isso nos oferece o ensejo de falarmos sobre a Era de Peixes, e em seguida sobre a Era de Aquário. O fato de os signos zodiacais terem se afastado de suas correspondentes constelações se deve à precessão do eixo da Terra, que acontece devido a um lento movimento circular desse eixo. É fácil demonstrar isso experimentalmente submetendo um pião a um rápido movimento giratório: será possível observar que o eixo deste não permanece estável, mas gira, embora bem lentamente, na direção contrária à do giro do pião. O mesmo fenômeno acontece com o eixo terrestre. A rotação do pião corresponde à rotação diária da Terra ao redor do seu eixo e, por conseguinte, ao imaginário prolongamento do eixo da Terra é que se refere o lento movimento ocorrido para trás do zodíaco.

No transcurso de 25.868 anos, o prolongamento imaginário percorre uma vez todo o Zodíaco e a essa circum-ambulação se dá o nome – segundo o uso da linguagem esotérica – de um ano válido para todo o mundo, ou platônico. Se dividirmos o número acima por doze, o resultado será que os meses terão cerca de dois mil anos. O esoterismo afirma que o desenvolvimento da humanidade é impregnado por esses períodos de dois mil anos, correspondendo, portanto, às características de cada um dos signos zodiacais.

As primeiras descobertas arqueológicas provêm de um período de aproximadamente dez mil anos atrás, quando a última era glacial atingia seu final. Relativamente ao ano da Terra, esse período corresponderia à Era de Leão. Uma palavra-chave para o signo de Leão é "criatividade", e é da Era de Leão que provêm as primeiras manifestações artísticas dos homens, como esculturas em osso e pinturas em rochedos e cavernas, na Europa ocidental e na África do Norte.

Durante a Era de Câncer, que durou mais ou menos de 8000 até 6000 a.C., o homem começou a abandonar sua vida de coletor e caçador; tornou-se mais estável e passou a dedicar-se à agricultura. Foi também nessa época que surgiram as primeiras colônias e cidades fixas na China, no Egito e na Mesopotâmia. Ainda dessa época provêm os primeiros rituais de fertilidade, de grande significação para uma humanidade que se dedicava à agricultura.

No ano de 4000 a.C. houve a transição para a Era de Gêmeos, uma época em que a humanidade começou a se entender com seu meio ambiente e também consigo mesma. O desenvolvimento das mais diversas escritas e a divulgação da roda correspondem aos mais difundidos sinais de comunicação e disseminação geminianos.

A prática Era de Touro, que lutava por constância e durabilidade, trouxe as bases da cultura egípcia com seus templos e pirâmides. Na Mesopotâmia tentou-se objetivamente, com a ajuda da astronomia e da astrologia, demonstrar a passagem do tempo por uma organização duradoura e previsível.

Com o início da Era de Áries, cerca de 2000 a.C., foram lançados os fundamentos da nossa cultura espiritual ainda vigente. Dessa época datam os primeiros testemunhos das obras literárias. Na Babilônia, surgiu o épico Gilgamesch e os rishis; os sábios e os sacerdotes arianos do subcontinente hindu que vieram para as estepes da Ásia Central compuseram os quadros que "apreendiam" em palavras e, desse modo, criaram os textos dos Vedas. Na Era de Áries também foram escritos os grandes livros sagrados da humanidade por meio dos quais a experiência religiosa pode ser transmitida de geração em geração. Ao mesmo tempo, essa foi uma época de grandes modificações políticas, durante a qual, com um fogoso e tempestuoso ímpeto, foram erigidas no mundo novas culturas e riquezas, como a Grécia, o Império Romano e a gigantesca, embora não completada, tentativa de Alexandre o Grande de conseguir realizar uma unificação mundial. Segundo os nossos cálculos de tempo, no ano zero iniciou-se a Era de Peixes que se destacou sobremaneira pela disseminação espiritual do cristianismo, cuja influência dominava a cultura, e que alcançou seu auge em meados do século XX, quando se tentou impregnar todo o mundo com essa consciência cultural cristã europeia. Com o fim da II Guerra Mundial, após a explosão da primeira bomba atômica, foi delineado o final desse período de tempo, e desde então nos encontramos numa contínua transição para nova era cultural humanística, que será repleta de novos valores básicos.

As esperanças diante do limiar da futura Era de Aquário ou Nova Era são grandes. Esperamos a irrupção de uma nova humanização, numa humanidade em que haja novas oportunidades de união entre a ciência e a tecnologia mediante a lembrança de uma consciência mais ou menos lamentável, criando condições para uma nova etapa evolutiva e de conscientização dos homens. É claro que haverá colapsos e modificações, mas por meio destes, finalmente, surgirá uma humanidade orientada para uma nova liberdade. Um indício consolador pode ser o fato de que, na antiga Babilônia, a constelação de Aquário era associada à deusa da cura e do nascimento.

Para mim, a Era de Aquário representa, antes de tudo, a elaboração e divulgação de dados. Hoje é bastante comum nos círculos esotéricos considerar-se tudo o que está relacionado com computadores e com a tecnologia moderna coisa do demônio ou do reino das sombras de Ahriman; ou então isso é banido por representar a limitação e o controle total da liberdade como nas assustadoras visões do *1984* de Orwell. Naturalmente, os aspectos sombrios também existem, e deve-se prestar-lhes atenção. Mas uma pessoa com raciocínio esotérico, que conhece a polaridade das coisas, pode esforçar-se e manter seus sentidos abertos para a totalidade. E aí estamos nós diante do fato que, na história da humanidade, nunca tantas pessoas tiveram acesso a tantas informações, prontas a serem avaliadas e usadas. Isso significa também, concretamente, que o modo como o conteúdo do conhecimento esotérico foi herdado pela humanidade, inalterado nos tempos que passaram, irá a partir de agora se modificar. A tradução da palavra esoterismo, "para alguns poucos", perderá cada vez mais seu sentido, em favor da tradução "voltado para dentro", que representa seu sentido essencial.

Nós, que vivemos neste século, e que consideramos a multiplicidade de meios uma coisa natural sobre a qual nem refletimos mais, sempre voltamos a esquecer que o acesso livre às informações há bem pouco tempo era um privilégio que, na verdade, pertencia a uns poucos. Nem bem meio século se passou desde que Johannes Gutenberg inventou a tipografia, por meio da qual foi possível, pela primeira vez, divulgar grande quantidade de conhecimentos e informações. Antes dessa invenção, os livros tinham de ser morosamente copiados à mão e eram eles que continham todo o cabedal de tradição espiritual da humanidade. Durante toda a sua vida, um monge talvez conseguisse escrever um ou dois livros, o que fez com que só se obtivesse o produto desse trabalho por meio de algumas pessoas dotadas de conhecimento científico. Essa circunstância causou uma confusão do conhecimento, inclusive do esotérico, que se confundiu com o poder político e científico. Esse é um fenômeno com que depararemos muitas vezes ao longo da história do esoterismo.

Na minha opinião, a mudança da Era de Peixes para a de Aquário traz consigo muitas consequências sérias para a tradição do esoterismo, tanto no que se refere à arte da transmissão do conhecimento como quanto à linguagem. Como ainda veremos, o cuidado e a transmissão do conhecimento esotérico à humanidade foi dado através de pequenas comunidades, lojas e escolas de mistério, cujos membros eram cuidadosamente escolhidos e preparados de modo adequado para suas tarefas. Via de regra, era isso o que acontecia e, naturalmente, excluindo-se as exceções, o esoterismo se protegeu do destino da secularização, como aconteceu com as grandes religiões mundiais.

Na minha opinião, há na história dois indícios importantes para que isso pudesse ter ocorrido. Até meados do século XX, os países montanhosos do Himalaia, do Tibete e do Nepal, quando ainda não eram considerados a fonte primordial da tradição esotérica, eram vistos como um refúgio, os assim chamados países proibidos, cujo acesso era extraordinariamente difícil, pois se defendiam de todas as influências exteriores. Em meados do século XX, o Tibete foi conquistado e anexado à China. Em 1950, o rei do Nepal, que regia o país desde o século XIX de modo despótico, como se ele fosse um tesouro particular, conseguiu fugir da família Rana. Essa fuga acarretou a queda do Império Rana e o Nepal abriu suas fronteiras aos vizinhos. O Dalai Lama, o rei-deus do Tibete, fugiu antes do ataque chinês e mora desde então na Índia. Seu país, bem como a tradição religiosa, foram selvagemente destruídos pelos invasores. A única possibilidade de preservar a sabedoria primordial da humanidade nessas circunstâncias foi romper o sigilo, abrir os arquivos, divulgar o máximo possível o conhecimento e a tradição tornando-os acessíveis a todos, mesmo com o risco de vê-los profanados e falsificados. Assim teve início o desenvolvimento crescente do esoterismo como o vivemos desde cerca de 1975.

Na Antiguidade (devo tornar a mencionar os rishis, aos quais temos de agradecer os primeiros escritos religiosos da humanidade) o cultivo da sabedoria esotérica estava quase todo nas mãos do clero. Assim sendo, a linguagem esotérica é teológica, orientada para os sistemas religiosos vigentes na época. Essa circunstância foi benéfica e sensata no passado pois, até certo ponto, ela preservou uma unidade do âmbito esotérico com as religiões então vigentes. Exceção digna de nota foi o cristianismo no hemisfério ocidental; depois de um moroso conflito destrutivo, ele se separou da orientação gnóstica que havia tentado integrar o conhecimento esotérico a um sistema religioso exotérico, como foi o caso nas religiões orientais, por exemplo, o hinduísmo e o budismo.

Com o extermínio da gnose (veja página 73) o esoterismo passou a ser um assunto filosófico no Ocidente, o que, seja como for, não alterou o estilo da linguagem, pois até o século XVIII, época do Iluminismo, a filosofia usava a mesma linguagem teológica empregada pela Igreja. No entanto, a partir do século XIX, também a filosofia ocidental passou a seguir caminhos próprios e, se não agirmos depressa e com determinação, corremos o risco de perder o conhecimento esotérico, visto que, no Ocidente, os teólogos em geral não são esoteristas, isto é, eles podem ler mas não compreendem os ensinamentos, e os esoteristas não são teólogos, o que significa que por certo compreenderiam, mas muitas vezes já não os poderiam ler. Hoje é a psicologia que cada vez mais aceita a transmissão esotérica, principalmente devido à influência de C. G. Jung e também, embora não tão perceptivelmente, a de Sigmund Freud e Wilhelm Reich. No entanto, como a psicologia não adota nem a linguagem e muito menos o raciocínio teológico, nos encontramos atualmente diante da situação em que a autêntica tradição hermética ocidental está sendo cada vez mais permeada por sistemas estranhos, xamanísticos. Não digo isso em detrimento do valor do espírito xamanístico, que para a nossa época, ecologicamente ameaçada, sem dúvida é de grande valia, mas apenas como uma advertência para que não nos esqueçamos da genuína tradição ocidental. Por conseguinte, tenho a impressão de que se deve ousar revestir a tradição esotérica com uma linguagem adequada às expectativas e aos limites de conscientização do homem moderno. É isso o que este livro se propõe fazer.

Talvez, em vários casos, se desmascare o suposto segredo e ele se revele como algo não tão secreto assim, sendo que o esoterismo poderá passar a ser visto como um acontecimento e uma tarefa da vida cotidiana. Porém, é exatamente isso o que o esoterismo pretende desde quando, há oitenta mil anos, se desenrolava a luta pelo fogo: ajudar os homens a viver.

Para nós, isso significa ainda mais: a sobrevivência. Sim, é bem possível que talvez venhamos a entender que a nossa situação atual, guardadas as devidas diferenças, se diferencia muito pouco daquela que mencionei no início deste capítulo!

Pã – Filho de Hermes

No capítulo anterior, levantei a tese de que a era vindoura, em cujo limiar nos encontramos, será uma era de informação, e justamente no sentido de que o conhecimento será disseminado como nunca antes na história; ele estará ao alcance de todos os homens. Esse desenvolvimento atingirá também o que denominamos esoterismo e, ao menos no que diz respeito a sua forma exterior, ocorrerão muitas modificações. Como veremos no próximo capítulo, dedicado à história do esoterismo, suas formas exteriores se caracterizaram pela ênfase dada à preservação de sua mensagem – no caso, a informação – da mais premente importância, no modo mais puro possível, para que pudesse ser transmitida às gerações vindouras. Assim, estas podem usá-la de maneira correta e dela tirar o melhor proveito.

Atualmente, isso já acontece num setor que nada tem de esotérico e que na nossa época recebeu o nome de "programação de dados", um nome bastante prosaico. Assim sendo, posso afirmar que lidar com o esoterismo tem muita semelhança com a programação de dados. Creio que essa afirmação será recebida com um duvidoso balançar de cabeça; ou talvez muitas pessoas a considerem uma blasfêmia e me achem um presunçoso. Nesse caso, dirão, onde estão o respeito, a espiritualidade e a luta por algo mais elevado, se tudo pode ser englobado numa expressão tão corriqueira como programação de dados? Talvez muitos dos que se dedicam à busca esotérica deparem diariamente com essa expressão. Eles a usam até mais do que o suficiente no exercício de suas atividades profissionais.

Acho que chegou a hora de contar, ou melhor, de recontar uma historinha bastante antiga.

Certa vez, no Extremo Oriente, um jovem discípulo procurou um mestre tido como um iniciado. Pediu que este lhe desse instruções sobre o esoterismo e a iniciação. No Oriente, é costume o discípulo conviver como membro da família do mestre ajudando-o tanto materialmente como com a prestação de serviços. Desse modo, o mestre deu ao jovem a sua louça suja para que a lavasse lá embaixo nas margens do rio, dizendo-lhe que depois que tivesse cumprido aquela tarefa durante meio ano, ele lhe revelaria os mistérios.

O discípulo dedicou-se com afinco a essa tarefa banal, lavando diariamente a louça do mestre, contando os dias até se passarem seis meses. Em seguida, apresentou-se novamente diante do mestre pedindo-lhe a iniciação. No entanto, este lhe disse: "Só poderei iniciá-lo depois que lavar minha louça suja durante mais doze meses." Sentindo-se logrado, o aluno percebeu a raiva brotando em seu coração. Mas, como era esperto, não deixou que o mestre percebesse sua disposição e voltou ao rio, resmungando consigo mesmo. Depois de um ano, apresentou-se outra vez ao mestre e pediu-lhe a prometida iniciação, ouvindo dele a seguinte resposta: "Só poderei lhe dar o que me pede depois que lavar minha louça por mais dois anos na beira do rio." Dessa vez, o discípulo não sentiu raiva, apenas uma profunda tristeza por ser tão difícil ter acesso aos grandes mistérios do mundo. Voltou ao rio e, lavando a louça, pensou: "Já que lavo esta louça há um ano e meio, tanto faz lavá-la por mais dois anos." Após um ano, subitamente, o mestre foi ao seu encontro nas margens do rio, dizendo-lhe: "Você é um discípulo paciente e esforçado. Provou ser digno de ser iniciado nos grandes mistérios e vim para erguer o véu que encobre o oculto." Entretanto, sorrindo, o discípulo balançou a cabeça e respondeu: "Isso já não é mais necessário. Em todos esses anos passados aqui junto ao rio, meus ouvidos se abriram, e suas ondas, o sussurro do vento, o canto dos passarinhos, o Sol, a Lua, e até mesmo a sujeira da sua louça há muito me desvendaram os segredos." Diante disso, o mestre acariciou a cabeça do discípulo e disse: "O seu período de aprendizado terminou. Seja bem-vindo ao círculo dos mestres. Agora vá e ensine o que aprendeu aos outros."

Eu preveni os leitores de que se tratava de uma história, e imagino que vários de vocês talvez já a conheçam de outros livros. Foi por esse motivo, na esperança de mostrar a base essencial da programação esotérica de dados, que a escolhi. Quem já conhecia a história há mais tempo pode tirar suas conclusões sobre até que ponto minha tese tem validade ou não.

Toda programação de dados exige basicamente três processos:
1. Reunião de dados e algum modo de arquivá-los.
2. Programação dos dados, isto é, sua organização, comparação e exame de suas semelhanças.
3. Tiram-se dos dados as correspondentes conclusões.

Agora vou mostrar a relação entre essa tríplice divisão com o conteúdo e a moral da nossa história. Quando o discípulo se aproximou do mestre pedindo-lhe acesso aos grandes mistérios do mundo, ele nada mais queria do que o acesso ao banco de dados, para conhecer o seu conteúdo. No final da história, dá para perceber muito bem que o mestre atendeu de imediato o pedido dando-lhe a chave para o banco de dados, quando o mandou para perto do rio com a louça suja. No entanto, o aluno ainda não tinha consciência do fato, pois imaginava que estava sendo submetido a alguma espécie de teste no pátio externo do templo; ele não percebeu que já estava no interior do Santo dos Santos. Trata-se de uma situação típica, comum a muitos que se dedicam ao estudo do esoterismo. Ao que parece, isso sempre foi assim, caso contrário essa história deixaria de existir. No entanto, não devo calar o fato de que também pode acontecer o contrário: certos gurus anunciam que estão no interior do Santo dos Santos, quando na verdade mal acabaram de chegar ao pátio externo. O banco secreto de dados que contém os grandes mistérios do mundo é o próprio mundo, com tudo o que nele existe, rasteja, anda, voa e flui.

O que o discípulo pode aprender é programar dados e, usando outra vez a moderna linguagem dos nossos dias, pôr o computador em funcionamento, deixando-o pronto para ser usado e para transmitir os referidos dados. Como proprietário de uma firma, posso deixar despreocupadamente os bancos de dados, com os mais protegidos segredos, largados por lá, enquanto ninguém estiver em condição de lê-los com a ajuda de computadores adequados. O aprendizado esotérico consiste basicamente em aprender a lidar com o "computador", para que assim se possa apreender e elaborar os dados arquivados há séculos pelo mundo. Todos os sistemas esotéricos conhecidos até hoje, o hermetismo, os caminhos orientais do ioga, o xamanismo e outros, constroem, cada qual para si, um desses sistemas computadorizados que, surpreendentemente, demonstram ter as mesmas dificuldades de compatibilidade dos atuais sistemas eletrônicos de computação. Isso significa que é possível obter e elaborar dados em qualquer sistema, mas que os diversos sistemas não podem ser ligados e utilizados ao mesmo tempo.

Durante o período que passou nas margens do rio, o discípulo não só aprendeu a fazer uso do "computador", mas também – o que do ponto de vista esotérico é ainda mais importante – ele montou o próprio computador, ao qual, depois, somente ele e mais ninguém teria acesso. Com isso, o discípulo literalmente pôde começar a juntar os dados que estavam à sua volta e a programá-los. O mestre reconheceu que o discípulo cumprira essa tarefa ao visitá-lo na margem do rio, e prontificou-se a fazer o que na verdade já havia feito desde o primeiro dia. Contudo – o que é muito importante não perder de vista – assim foram realizadas somente as duas primeiras etapas da programação esotérica de dados. O discípulo obteve acesso ao banco de dados e aprendeu a lidar com ele. No entanto, resta o terceiro item: os dados reunidos e programados têm de ser abordados corretamente e deles devem ser extraídas as correspondentes conclusões e o conhecimento. Somente quando esse terceiro item for cumprido é que pode ocorrer o que se convencionou chamar de "iluminação" ou iniciação. Descobrir se chegou ou não a esse ponto não compete mais a qualquer mestre pertencente a esta esfera terreno-material. É por isso que o mestre terreno manda o discípulo correr o mundo, e o confia simultaneamente aos cuidados do melhor mestre, hierarquicamente superior.

Em linguagem computadorizada, essa história, tal qual a narrei, é um banco de dados no qual são armazenadas as informações. Se eu der a alguém um CD gravado, essa pessoa terá acesso à informação ali contida, enquanto estiver de posse do CD. Isso também ocorre se, exteriormente, o CD parecer insignificante ou se não tiver rótulo. Ele contém as belezas de uma fuga de Bach ou os significativos pensamentos de poetas e pensadores, mesmo que a pessoa não saiba o que contém. Enquanto eu o tiver nas mãos, todas as informações nele gravadas estarão em meu poder. Mas isso não me ajudará muito se eu não souber interpretá-la, o que só acontecerá se eu o puser para tocar. Pois só então ouvirei a música e as palavras. Mas, ainda assim, não é possível saber com certeza se apreciarei a música, se compreenderei a fuga de Bach ou se de fato entenderei o significado das palavras dos poetas e pensadores.

Todo o mundo visível ao nosso redor pode ser visto como uma gigantesca coleção de bancos de dados, repletos de informações que se pode ler e interpretar quando se sabe como fazê-lo. Porém, cada homem é, também, em si mesmo, um desses bancos de dados, e todo o esforço esotérico consiste em despertar o conteúdo das informações armazenadas em nós, em ouvi-las e em deixar livre o devido espaço para que surtam efeito.

Aqui é preciso prestar atenção a uma circunstância importante, que tem grande significado no esoterismo e, principalmente, para o julgamento dos esoteristas. Caso o CD tivesse consciência – e, quem sabe, talvez a tenha no seu nível – acharíamos forçado e ridículo se ele afirmasse que também compusera a música. Todo genuíno mestre de esoterismo sabe que, na melhor das hipóteses, trata-se de um simples disco, em cujas ranhuras foi gravada uma música, que não foi ele que compôs ou gravou. Sua tarefa consiste em tocá-lo e permitir que a música seja ouvida. Isso é possível (mesmo antes da descoberta do *compact-disc*), quase sem ruídos estranhos, dependendo do estado do disco, da sujeira e do pó acumulados em sua superfície, dos riscos e das marcas provenientes dos maus-tratos ou da falta de cuidado. Tudo isso influi na clareza, percepção e sonoridade da música. Sempre haverá casos em que uma música, originalmente clara e pura, mal possa ser ouvida devido à profusão de ruídos estranhos. Às vezes, nem sequer é possível ouvi-la. Nesse caso, é preciso ter um bom ouvido musical ou então dispor da partitura a fim de ajudar a audição, o que possibilitará a reprodução das notas por meio do ouvido interno.

Isso nos leva a um problema da maior importância, com o qual se defronta a maioria das pessoas que hoje se dedica ao esoterismo. É preciso distinguir entre o que é verdadeiro e o que não é, e para isso é necessário usar certos critérios. Não posso estabelecer linhas gerais, posso apenas transmitir minhas experiências pessoais.

Em primeiro lugar, tente descobrir, em cada mestre ou escola, se pretendem ocupar o lugar de compositores ou o de bancos de dados. Isso, aliás, não é muito fácil, pois não se pode esperar que sejam tão ingênuos a ponto de nos dizer imediatamente a verdade, talvez até com as palavras de um Messias: "Eu sou a verdade e a vida." A pretensão de ser um compositor na verdade se ocultará, na maioria dos casos, por trás de um bom disfarce que, convém não esquecer, talvez não seja percebido pelo próprio mestre. Na maioria das vezes essa pretensão se oculta por trás de guias espirituais, de anjos e seres afins, o que apenas modifica o teor da pergunta, pois também entre estes é necessário distinguir os autênticos dos não autênticos.

A única coisa que posso fazer é indicar-lhes como abordo pessoalmente essa pergunta. Procuro observar o que parece não ter lógica ou o que não parece corresponder às expectativas. Talvez o exemplo seguinte mostre o que quero dizer: quando me entretenho com uma pessoa cuja inteligência está acima da média e que, além disso, tenha cultura superior, e ela me conta algo sobre a teoria da relatividade de Einstein, não me surpreendo. Ficaria surpreso, sim, se tal pessoa a desconhecesse. Mas, se alguém mentalmente retardado, cuja instrução se limitou à alfabetização, de repente me apresenta fragmentos da teoria da relatividade de Einstein, presto muita atenção. Fico atento e espero obter mais informações até decidir se, nesse caso, existe realmente algo de transcendental influenciando a pessoa. Ao julgar líderes espirituais e os assim chamados mestres transcendentes, ajo da mesma maneira. Tento reconhecer até que ponto esse líder é um reflexo – ou a sombra – do líder em questão. Assim como alguém que fica diante do espelho, falando e afirmando seriamente: "Não sou eu quem fala, mas a aparição no espelho." Contudo, é preciso observar que não existem apenas espelhos "desfocados", como os que se encontram na "Casa dos Espelhos", em parques de diversão, e cujo efeito consiste em apresentar uma imagem distorcida a ponto de não poder mais ser identificada com quem está se espelhando. Também nesse caso procuro ver se existe algo que não pode ser refletido por não existir na imagem original e que, entretanto, aparece no espelho de repente. Mas, como eu disse, esses são apenas meus métodos pessoais; não servem de critério de medida, pois também dependem da disposição íntima em que me encontro no momento.

Neste ponto, devo ainda mencionar mais uma circunstância que pode tornar-se traumática para alguém que faz sua primeira experiência no âmbito do esoterismo. Para explicá-la, recorro novamente ao disco, cuja qualidade nada diz sobre a qualidade da composição que nele é gravada. Uma fuga de Bach continua sendo uma fuga de Bach, com toda sua beleza e harmonia, mesmo que o disco esteja horrivelmente sujo ou riscado. Ao contrário, um disco preparado com todos os cuidados técnicos e em estado perfeito não pode melhorar, quantitativa ou qualitativamente, uma música banal ou desarmoniosa que nele tenha sido gravada. É claro que boa música também é gravada em discos cuja qualidade nada deixa a desejar, o que faz com que se obtenha a perfeição da totalidade. Mas, segundo minha experiência, também nos círculos esotéricos essa é uma exceção. Os esoteristas são pessoas com dotes comuns, possuindo todas as falhas de pessoas simples. Outro ponto de referência para se julgar mencionadas escolas e mestres esotéricos é, para mim, a resposta à pergunta: "Como eles lidam com a condição humana? Eles afirmam a condição de homens e permitem que seus adeptos e discípulos sejam também verdadeiros homens?" Existem cada vez mais gurus e mestres que se esforçam exteriormente por exibir, na vida mundana, um estilo de vida semelhante ao modo de vida divino, além do bem e do mal; isso coloca seus adeptos sob tensão, forçando-os a adotar o mesmo estilo. Seja como for, isso nunca poderá dar certo. Todos conhecemos a história, que sempre torna a se repetir, em que de repente se descobre que um sábio guru (que exibe e recomenda aos alunos uma vida de "pureza e castidade"), seduziu sua jovem discípula. A revolta diante do fato é sempre muito grande, e os acontecimentos são usados como prova contra a lisura dos ensinamentos do guru. Isso, a meu ver, também é incorreto, pois a mentira do guru consiste, nesse caso, sempre no fato de ele negar sua condição humana, o que não destrói necessariamente o que ele prega e ensina. O trágico é que ele mesmo não parece estar cem por cento convencido da força de impacto de seus ensinamentos, e acha que precisa demonstrar sua validade por demonstrações de comportamento pessoal imaculado.

O discípulo, por sua vez, também não pode fazer exigências demais ao mestre, exigências que ele nunca poderá atender, porque ele também não passa de um homem. Como já mencionei, antigamente, e talvez ainda hoje, era costume o discípulo viver em comunidade com o mestre e sua família, principalmente no Oriente e no Tibete. A consequência desse sistema é que o discípulo aprende a conhecer o mestre em toda a sua humanidade. De grandes mestres tibetanos como Milarepa e Drukpa Künleg, ficamos conhecendo tantas particularidades espirituais e humanas, inclusive brigas conjugais e temas correlatos, que passamos a sentir por eles uma enorme simpatia. Ao contrário, no Ocidente, a imagem de Jesus, ao qual antes de tudo interessava a condição humana, perdeu progressivamente essa naturalidade ao longo da tradição da Igreja.

Agora devo ainda mencionar a terceira exigência que, para mim, é decisiva para descobrir se devo ou não confiar em determinado mestre ou escola. Como os mestres ou a escola lidam com o livre-arbítrio dos discípulos? Para mim, só tem valor o seguinte – vou dizê-lo em poucas palavras: se alguém não respeita o livre-arbítrio do discípulo, então a única solução é afastar-se!

Quem entra no campo do esoterismo e dos esoteristas precisa familiarizar-se com a circunstância de que não está à sua espera uma vibração puramente etérica e harmoniosa, mas sim as mesmas fraquezas e forças cósmicas, virtudes e defeitos humanos que existem em todos os outros planos. A diferença, na melhor das hipóteses, reside apenas no fato de que talvez estes sejam vistos através de lentes de aumento. Mas, ao mesmo tempo, todo este "Jardim de Loucuras" é a reunião da matéria-prima, semelhante à terra, da qual brota, cresce e floresce a semente do conhecimento.

Depois dessas considerações sobre os mestres esoteristas, que nos lembram a linguagem dos computadores, vemos que eles correspondem ao *hardware*, portanto, aos aparelhos técnicos com que se pode obter e elaborar dados. Já quando nos referimos ao *software*, estaremos mencionando tudo o que pode ser elaborado com esses aparelhos; portanto, os próprios dados. Vamos agora acompanhar o processo passo a passo e, com ele, aprender duas coisas:

1. De que maneira os dados e informações da humanidade da era pré-tecnológica foram armazenados e programados e,
2. Ao mesmo tempo, como adquiriram um conhecimento básico que é indispensável para o conhecimento de tudo o que se refere ao esoterismo.

Os meios mais usados na programação esotérica de dados são os mitos da humanidade. Estes, na maioria das vezes, contam os fatos e acontecimentos da vida dos deuses e estão intimamente ligados com o plano humano. Eles contêm as informações essenciais, consideradas tão importantes a ponto de serem retransmitidas às gerações seguintes, para que os homens possam viver e sobreviver neste reino terreno-material. Minha escolha recai no plano das mitologias grega e egípcia tecidas ao redor de Pã, filho de Hermes, pois as informações contidas nesse círculo mítico têm um significado e uma importância especiais para a nossa geração.

Todas as tradições que falam sobre Pã, o deus-pastor de forma caprina, dizem de comum acordo que ele é o filho de Hermes com uma ninfa. O nome da ninfa é transmitido de vários modos, ora como Salmatis, ora como "filha de Dríope"; em algumas histórias é Penélope, principalmente em se tratando do ciclo mítico, cuja esposa tem o mesmo nome. Para nós só interessa nesse inter-relacionamento o fato de Pã ser filho de Hermes e sua mãe ser uma ninfa. O deus Hermes é uma figura divina que brilha com todas as cores, ocupando uma posição central no hermetismo, outro nome dado ao esoterismo. O próprio Hermes é filho do pai dos deuses, Zeus, ou seja, do Princípio primordial divino, e de uma filha do gigante Atlas, que carrega nas costas o universo, ou seja, o Cosmos. Hermes é o mensageiro dos deuses. Com seus pés alados – por si só um símbolo da ligação entre o céu e a Terra – ele percorre o mundo para espalhar por toda parte a vontade dos deuses e, em caso de necessidade, fazer com que seja cumprida. Ele também é o que traz o sono e os sonhos, por meio dos quais Zeus faz chegar suas mensagens aos homens. Mas Hermes também é um acompanhante dos mortos na dimensão transcendental.

Com essa breve descrição da essência de Hermes já temos um esboço do conjunto do esoterismo. O esoterismo corresponde ao Princípio cósmico divino superior e se destina a servir de ligação entre essa esfera superior e a esfera humana terrena. O esoterismo é, portanto, de origem cósmico-divina, e tem de concretizar-se no âmbito humano-terreno. Os pontos de contato mais importantes entre o humano e o divino (ioga), ou seja, o sono e o sonho, e o irmão maior do sono, a morte, estão sob os cuidados de Hermes. Da maior importância, como ainda veremos, é seu aspecto como deus-pastor. Nessa função, ele abençoa a fertilidade dos rebanhos e os mantêm unidos, isto é, ele se preocupa também com as reses desgarradas e as leva de volta ao rebanho. Existia uma imagem de Hermes, a assim chamada Herme, que se encontrava em várias encruzilhadas e servia de indicador de caminho. Portanto, Hermes aparece sempre que é preciso indicar e percorrer o caminho correto.

Eu já disse antes que Hermes é uma das mais contraditórias figuras divinas. Isso se vê melhor ainda no fato de Hermes ser também um ladrão esperto e mentiroso. Uma das primeiras ações do Hermes recém-nascido foi roubar de Apolo cinquenta ovelhas, e ele desmentiu o fato com tanta arte e engenho que foi impossível provar ter sido ele o autor da façanha. No entanto, isso não impediu que Hermes e Apolo, o deus da Arte, fossem depois amigos íntimos.

Com a apresentação do caráter de Hermes, podemos esclarecer basicamente a essência do esoterismo. Quando, na antiguidade, a história de Hermes era transmitida de boca em boca, ornada com correspondentes detalhes, o ouvinte não só ouvia uma história excitante mas, sem perceber, seu inconsciente captava todas as informações importantes e necessárias. As histórias de Hermes contêm, portanto, os dados, e o inconsciente dos homens representa o banco em que estes dados são preservados; a escola esotérica, por sua vez, representa os métodos e a técnica com os quais esses dados podem ser decifrados e programados para uso prático.

Quando Pã nasceu, sua mãe assustou-se terrivelmente com a sua aparência: com chifres, cabeça de asno, patas de bode e com o corpo todo coberto por espessa pelagem. A mãe, uma ninfa, recusou-se a aceitar esse filho e abandonou a criança. No entanto, o pai, Hermes, pegou o pequeno Pã, envolveu-o numa pele de coelho e o levou para o Olimpo, onde os deuses demonstraram verdadeira alegria com o pequeno. Mas ele não pôde ficar no Olimpo; teve de voltar à dimensão terrena, natural. Pã então percorreu o mundo montanhoso da Arcádia, com o pai, deus dos pastores e dos rebanhos; no entanto, onde passava, provocava susto e pânico. Pã amava apaixonadamente a música, mas com seus pés de bode mal conseguia tirar um som harmonioso da lira; e também quando tocava flauta o resultado era um som arcaico, monocórdico e simples. O que Pã conseguia obter, apesar de sua infeliz paixão pela música, não era som, mas barulho; além do mais, não conseguia expressar sua alegria ou felicidade a não ser por meio de uma risada irreprimível que, por sua vez, somente provocava susto e perturbação.

Examinemos juntos quais dados esotéricos a história do nascimento e do crescimento de Pã contém, e como podemos lê-la e interpretá-la. Pã é o filho de Hermes. Esse dado é muitíssimo importante, pois pai e filho não podem ser separados um do outro. O que o pai é, o filho também é, principalmente na sociedade patriarcal em que surgiu esse conjunto de lendas. O filho tem uma posição especial, é o portador da herança. O que o pai trabalhou e administrou, tudo o que o pai personifica, vai, portanto, para o filho, que terá de cuidar de tudo a sua maneira. Então, o que temos? Hermes, o deus do esoterismo, do aprimoramento, e Pã, o informe, o rude, da mesma estirpe. O Divino Primordial, cósmico, é a fonte de uma grande e abrangente energia que Pã reflete na esfera terrena material, talvez de maneira rude e grosseira. Entre essa energia primordial cósmica e sua personificação natural está Pã, ficando Hermes como mediador e intermediário e, como ainda veremos, nessa constelação está contido praticamente tudo o que se refere ao esoterismo.

É Hermes que leva o filho envolto numa pele de coelho para o Olimpo, onde a chegada do pimpolho provoca alegria e satisfação;

contudo, como bastardo, o menino não é aceito no Panteão dos deuses do Olimpo. Assim, pela segunda vez, Pã sente o que significa ser rejeitado, bem como a dor da separação. Nesses dados, reflete-se novamente a situação do homem primitivo em sua luta pela sobrevivência. Só, e ao mesmo tempo abandonado, ele se vê entregue às forças impressionantes da natureza, em que só há dois modos de sobrevivência: ou o homem enfrenta essa natureza ameaçadora com a mesma violência, se possível com violência ainda maior, ou só lhe resta o caminho da fuga dessa ameaça; se nem isso for possível, resta-lhe apenas tornar-se a sua vítima indefesa. Um símbolo desse desamparo típico, onde as criaturas só conseguem fugir à violência mediante uma fuga rápida – caso não queiram tornar-se vítimas dela –, é o coelho. Por isso, o esperto Hermes envolveu o filho numa pele de coelho para presenteá-lo aos deuses. Desse modo, ele tira de Pã o que pode infundir terror, mas ao mesmo tempo faz com que os deuses não levem Pã a sério.

Assim, Pã nos dá uma imagem de dois modelos básicos do comportamento humano: agressão e fuga. Ambos os comportamentos asseguram a mera sobrevivência, mas nada mais que isso. Quando o homem primitivo vencia com violência o inimigo, quer este fosse um animal quer fosse gente, matando-o, ele sobrevivia, é bem verdade, mas vivia no isolamento e separado da natureza a sua volta, tal como Pã. O mesmo efeito é ocasionado pelo comportamento oposto, a fuga. Também esta permite a sobrevivência, mas em favor do isolamento. Em vez de formar uma participação orgânica com a natureza, o Pã-coelho torna-se vítima desta, da qual só lhe resta fugir, evitando assim qualquer confronto, preferindo esconder-se e isolar-se.

A agressividade e a fuga percorrem como um tema principal todo o círculo de lendas acerca de Pã. Este, com cabeça de asno e patas de bode, é tomado de grande e irreprimível impulso sexual, que no seu caso se manifesta por meio da agressão direta. Ele vive essa agressividade na medida essencial de sua sexualidade inferior, na medida em que, como filho de uma ninfa, procura seduzir as ninfas. Mas sofre sempre o mesmo destino que lhe fora imposto pela mãe. Seu desejo de ser amado, que só sabe demonstrar pela agressão brutal, provoca medo e susto. As ninfas fogem de suas investidas impetuosas e de sua figura que inspira medo. Pã só consegue realizar seus intentos quando elas estão adormecidas, surpreendendo-as secretamente ou tomando-as à força. Nesse inter-relacionamento repete-se um determinado tema. Quando as ninfas perseguidas por Pã se veem diante de uma situação sem saída, em que não há meio de escapar ao confronto com o agressor, elas rogam aos deuses, pedindo que estes as salvem da violência de Pã. Os deuses atendem aos seus pedidos, transformando as ninfas em plantas, num salgueiro ou talvez em juncos. O significado está claro. As ninfas personificam a camada inferior da consciência humana. Elas são formas que mal abandonaram a etapa da vida vegetativa e meramente animal e que experimentam seus primeiros passos na esfera da consciência humana. Seu pedido para serem salvas de Pã é atendido pelos deuses mas, ao mesmo tempo, elas são enviadas de volta para o nível vegetativo. Isso significa que elas precisam transpor o reino animal e recomeçar a partir do início. Assim, vemos que o confronto com Pã e sua agressividade é um teste, do qual depende se as ninfas continuam seu caminho evolutivo no âmbito humano ou se tornam a cair outra vez no reino vegetal.

Saber lidar com a força primordial, simbolizada por Pã, é um dos pressupostos básicos para a existência no mundo dos homens.

Pã é o neto da força cósmica primordial e seu representante no âmbito humano-material. Assim sendo, quem recusar e afastar Pã de si, recusa o divino e afasta também a força cósmica primordial criativa que tem de se manifestar, se quiser que haja vida. Basta imaginar: se todos os seres femininos desta Terra fugissem da agressividade de Pã, então, consequentemente, toda a vida mais elevada desta Terra desapareceria devido à recusa da união sexual. Portanto, como último e desesperado recurso, só resta, a fim de impedir o desaparecimento de toda a vida – na verdade o significado do cosmos –, a violência, em especial a violação. Vemos, assim, por que o ato de violação, seja diretamente secreto, seja por sedução, pertence ao caráter de Pã. Ele é o guardião da centelha da vida, com a missão de manter aceso o fogo a qualquer custo. E o preço que tem de pagar por isso é alto, e significa falta de amor, ser recusado e isolado dos demais.

Portanto, é da maior importância que não surjam mal-entendidos aqui. Não estou defendendo a inocuidade da violência ou sua legitimação; seja qual for a sua força, ela continua sendo um crime. Numa época em que o mundo era muito pouco povoado, a violência, no bom sentido, deve ter sido um último recurso meio duvidoso de garantir a sobrevivência da espécie, o que de certo modo a tornava justificável. Mas hoje, em que as costuras da Terra quase se rompem devido à superpopulação, ela está absolutamente ultrapassada em qualquer sentido e não deve mais ser utilizada. Tenho certeza de que, com o que acabei de expor, me meti numa enrascada. Pois o que eu disse pode ser adulterado por qualquer pessoa mal-intencionada, que pode usá-lo como justificativa para suas violências pessoais. Não posso deixar de pensar no que poderia acontecer se pessoas que, sob nenhum aspecto, atingiram o necessário amadurecimento, se apoderassem desse conhecimento para aproveitá-lo a seu favor, usando-o ainda como justificativa para quaisquer atitudes pessoais agressivas! É esse também o motivo pelo qual a sabedoria esotérica, em todas as épocas, tem sido coberta pelos véus do mistério: com a única finalidade de ocultar segredos aos quais só teriam acesso os escolhidos, depois de determinado aprendizado e de um treinamento especializado.

Nunca será demais enfatizar que o verdadeiro conhecimento esotérico sempre esconde em si uma dupla semente: uma, que estimula a vida construtiva; e outra, que a destrói. Ele é tanto meio de cura, como um veneno, simultaneamente. Apenas os que aprenderam, além dos iniciados e os sábios, sabem lidar com ele de modo correto e comedido, separando o que é curativo do que é destrutivo. Se esses segredos caírem em mãos não autorizadas, que não dispõem dos necessários pressupostos, há grande risco de a pessoa causar muito mal e, comparando-se seu procedimento com o de uma criança que brinca com uma granada, a explosão pode destruir tudo!

Naturalmente, cabe aqui indagar por que, exatamente na nossa época, depois de os segredos terem sido guardados durante séculos, de repente o acesso a eles tenha se tornado tão fácil e comum. Minha opinião pessoal é a de que se trata da última chance que ainda resta à humanidade ameaçada de extinção. As forças que regem o desenvolvimento da humanidade provavelmente não veem mais nenhum outro meio, a não ser distribuir as pérolas de sabedoria na desesperada esperança de que estas não sejam encontradas somente pelos porcos. É necessário, pois, o trabalho esotérico de muitos, para que a grande desgraça possa ser afastada. Ainda resta uma oportunidade de que, graças ao acesso aos segredos esotéricos, as pessoas reconheçam em que trilha mortal se encontram, na medida em que, como vermes, elas perturbam as leis do cosmos em seu ritmo natural. No entanto, seja como for, a grande ordem cósmica ainda é mais forte. Nada nos resta a não ser reconhecê-la e tratá-la convenientemente, ou então sermos destruídos por ela.

Acaso vocês conhecem a seguinte historieta? De séculos em séculos, a Terra se encontra com um cometa no universo. O cometa pergunta à Terra: "Como vai você?" Ao que a Terra responde: "Obrigada, estou melhor; o resfriado que tinha na ocasião do nosso último encontro já passou."

Agora o fato de Pã ser filho de Hermes começa a ter significado e, como filho de Zeus, Hermes está em relacionamento genealógico direto com o divino e, consequentemente, com o princípio criador primordial. Na versão egípcia do mito de Hermes, sobre o qual falaremos no próximo capítulo, Hermes é idêntico a Thot. Thot é sobretudo o deus da sabedoria. Ele é considerado o inventor da escrita e dos hieróglifos (imagens sagradas). Tudo o que pode ser medido e avaliado está sob a sua regência; ele é o deus dos números, da música, o criador da astronomia e editor dos livros sagrados em que estão contidos os segredos do mundo. Consequentemente, ele também é citado como deus protetor das bibliotecas nos templos. Em resumo, Thot-Hermes é o deus do esoterismo e do conhecimento esotérico.

Na nossa visão, também é bastante significativo que o deus Thot tenha sido mestre de Ísis. Thot-Hermes é a figura intermediária, o meio-termo natural entre Pã e o divino; em outras palavras: Hermes e Pã representam, em última análise, o mesmo ser. Pai e filho possuem a mesma carne e o mesmo sangue. Mas, enquanto Pã simboliza o estado de primitivismo próximo à natureza, Hermes mostra que esse estado pode ser ultrapassado.

Sob a sua proteção, está todo o cabedal de sabedoria que nos livra do primitivismo primordial e nos torna aptos a atingir um desenvolvimento mais elevado. Dele, os homens obtêm o conhecimento necessário para saber lidar construtivamente com as terríveis forças da natureza, em vez de reagir a elas com violência brutal ou, então, delas fugir com pés de coelho.

Thot-Hermes é, portanto, o pai de Pã e o mestre de Ísis. Ísis é a deusa que, por ser mulher, personifica o feminino e, ao mesmo tempo, o princípio natural feminino. O Pã masculino e a Ísis feminina, ambos amarrados à natureza, precisam aprender. Pã precisa aprender a domar sua ilimitada agressividade e a lidar com sua força de tal modo que esta não provoque pânico ou repugnância, mas se enquadre orgânica e harmoniosamente no grande conjunto da ordem cósmica, a fim de servir ao princípio mantenedor e estimulador da vida, sem ser através da rudeza e da violação. Ísis tem de aprender a se confrontar com a força de Pã e a enfrentá-la pela resistência, não pela fuga. Isso significa que, como mulher, ela tem o dever de libertá-lo da repulsa que recebeu da mãe e de retirá-lo do isolamento, levando-o para a totalidade do cosmos. Ela aprende isso quando recebe a incumbência de juntar os pedaços do esquartejado Osíris e de reconstruí-lo novamente e, em seguida, reavivar nele o princípio masculino, fazendo-o ressuscitar. Ela faz isso com a ajuda de Anúbis, que nada mais é do que Thot-Hermes. Pã tem de aprender a abandonar paulatinamente sua figura de bode e de asno e desenvolver cada vez mais sua verdadeira humanidade, não mais caçando e afugentando os rebanhos mas, a exemplo de Hermes, seu pai, tornando-se protetor e pastor. Isso significa que tanto Pã como Ísis têm de aprender, cada um à sua maneira, a ultrapassar a agressiva violência natural, a aceitá-la e, finalmente, a transformá-la em amor. Quando esse caminho de desenvolvimento é bem-sucedido, então Pã se transforma num bom pastor e Ísis numa mulher amorosa. E aqui, de repente torna-se evidente um segredo especial: Cristo, o bom pastor, não é outro senão Pã que se transformou em amor. E Ísis, por sua vez, é a ninfa Maria, que tem de tornar a dar à luz seu filho Pã e, desta vez, não mais para abandoná-lo, mas para ficar com ele e aceitá-lo (eu sou a escrava do senhor; faça-se em mim a Sua vontade).

Pã-Ísis-Hermes não são figuras divinas que estão muito acima de nós, porém elas existem no nosso próprio âmago. Elas são nós. Todo ser humano tem a tarefa de lidar com as forças primordiais, de domá-las, de superar o medo que sente delas, esclarecê-las por etapas, até atingir o objetivo do amor. Isso pode acontecer com a ajuda de Hermes, pois esse caminho da evolução é exatamente o caminho esotérico, o caminho hermético.

O escritor grego Plutarco conta que, sob o imperador Tibério em cuja época Jesus foi crucificado, um navio passou ao largo das costas da Grécia. Quando velejava perto da ilha de Paxos, a tripulação ouviu uma voz tonitroante: "Quando chegarem ao Épiro deem a seguinte notícia: 'o grande Pã morreu!'" Quando os marinheiros deram essa notícia, todos os penhascos, árvores, plantas e animais começaram a se lamentar em altas vozes, a natureza toda chorou demonstrando grande tristeza. Sempre se interpretou essa história como se com Jesus tivesse começado uma nova época, a era do cristianismo, e, ao mesmo tempo, como se a antiga religião da natureza tivesse morrido. Talvez isso seja assim. Mas, na época atual, as grandes queixas e lamentos da natureza pelo seu deus protetor têm um significado bem diferente. É mais do que tempo que Pã, o protetor e o guardião que está vivo na natureza, ressuscite e retome seu lugar ao lado do seu pai, Hermes-Cristo.

Talvez o efeito de tudo isso seja um tanto estranho, ou até mesmo assuste o homem atual. Mas os homens dos séculos anteriores estavam muito mais próximos desse conhecimento, como nos mostra a oração de Sócrates, transmitida por Platão:

"Amado Pã, e vós outros deuses aqui ao nosso redor, permiti que eu seja belo na alma e que tudo o que me for destinado seja aceito alegremente. Permiti que eu me considere rico e sábio, e que só tenha o ouro necessário a um homem frugal ... Acaso devo dizer algo mais, Fedro? Pedi tudo aquilo de que necessito."

O Caudal do Conhecimento Esotérico Através dos Séculos

É indispensável que os que se esforçam para selecionar os livros, dentre o vasto material disponível na literatura esotérica, tenham certos conhecimentos básicos que lhes permitam reconhecer os inter-relacionamentos neles inseridos. O conhecimento desses inter-relacionamentos e dessas associações não só é indispensável para separar o joio do trigo, mas também para descobrir seu ponto de partida e localização. É a partir disso que se torna possível descobrir o que faz parte do meio esotérico e o que deve ser deixado de lado, sem que isso implique desvalorização do que não se enquadre nele. Portanto, neste capítulo, desejo transmitir alguns conhecimentos essenciais; contudo, não tenho a certeza de poder fazê-lo com perfeição nas poucas páginas a minha disposição.

Não sei se, talvez, eu tenha dado inconscientemente prioridade aos meus pontos de vista. Contudo, posso fazê-lo sem sentir remorso, pois sei que existem autores que adotam opinião diversa e dão ênfase a outros pontos e, para que o que eu digo aqui não fique fragmentado ou demasiado subjetivo, comentarei seus livros na segunda parte do livro. A sua leitura permitirá obter-se um quadro perfeito do esoterismo.

Antes da explicação histórica do esoterismo, primeiro é importante fazer uma divisão, bem como uma diferenciação, bastante clara e significativa. O esoterismo pode ser abordado e esclarecido a partir de dois pontos de vista: o primeiro é o filosófico-científico, que explica, com a ajuda da filosofia e da teologia, o esoterismo como parte do desenvolvimento mental do ser humano. A outra visão é mais orientada para o mágico-religioso e acrescenta à observação filosófico-científica o aspecto da numinosidade que, em última análise, representa o que é difícil de ser compreendido e explicado. Essa visão exige a disposição de aceitar o que é inexplicável, os paradoxos, dando-os como verdadeiros. Além disso, exige a compreensão de que há certas coisas que de fato não podem ser entendidas. Elas podem ser percebidas como fenômenos e talvez possamos lidar com essas aparições dentro de certos planos; contudo, temos desde o início de renunciar à tentação de tentar enquadrá-las em qualquer setor que vá de encontro ao conceito de ciência tal como é aceito pela sociedade moderna. Eu me decido por este segundo aspecto orientado para o mágico-religioso, pois ele corresponde à minha perspectiva e às minhas experiências; além do quê, nada há de errado nisso, por estar reconhecendo que o outro caminho tem o mesmo valor, com a única diferença de que é diferente. Esta é uma decisão que tem de ser tomada por quem quer que queira aprofundar-se no terreno esotérico. Trata-se da resposta à pergunta: "Desejo contemplar ou viver o esoterismo?

Essa decisão não pode ser tomada tendo por base o certo ou errado, mas apenas à luz da personalidade e do temperamento a ela associado.

Todo esboço histórico começa com a pergunta: Onde fica o começo? No esoterismo não é diferente. Mas é exatamente nele que temos os dois pontos de vista, o filosófico e o mágico, tentando responder à pergunta, cada um a sua maneira. O filósofo ou cientista busca as fontes e os fatos, os primeiros testemunhos escritos, as descobertas arqueológicas e coisas afins, e estabelecem o início a partir da existência de algo plausível que possa ser provado. No que se refere ao nosso mundo ocidental, esse caminho conduz às primeiras grandes culturas do Oriente Médio, à Caldeia, ao Egito e, possivelmente, também às pinturas nas cavernas do sul da França e da Espanha. Quem se sente mais inclinado para o lado mágico, prefere percorrer um caminho como o que foi descrito no último capítulo. Procura por traços ocultos, por pontos de referência, que não são reconhecíveis de imediato, que se perdem nos mitos e, provavelmente, nas tramas do raciocínio científico. Há vários desses mitos primordiais. Quase todas as culturas e povos primitivos têm os seus. Abordaremos dois deles mais de perto por atingirem nosso espaço eurasiano (no qual incluo também a América do Norte como um dos pilares da sua cultura). Um desses contos primitivos está enraizado no Ocidente e outro no Oriente.

Segundo reza a tradição, existiu, em alguma parte do oceano Atlântico, um continente, uma ilha, cujo nome era Atlântida e cujos habitantes possuíam uma cultura superdesenvolvida, orientada para a magia. Há cerca de doze mil anos (as estimativas variam de acordo com as diversas fontes) essa ilha, Atlântida, teria sido submersa do dia para a noite em consequência de uma catástrofe natural. A primeira notícia que se tem sobre a Atlântida encontra-se nas obras do filósofo Platão, que, por sua vez, se fundamenta em antigos relatórios dos sacerdotes egípcios. Apesar de várias investigações, até hoje não pode ser cientificamente confirmado se esse continente de fato existiu ou não. Também há teorias que o situam não a oeste da costa africana (segundo essa opinião, os Açores, as ilhas da Madeira e, eventualmente, as Canárias, seriam os últimos picos montanhosos do que restou desse continente perdido), mas sim no mar do Norte, sendo Helgoland o que dele restou. Também há quem diga que, com a história de Atlântida, se faz referência a uma erupção vulcânica que destruiu a ilha Santorin, no mar Egeu.

Segundo a tradição oral, a grande cultura dos atlantes era fruto do seu imenso conhecimento mágico. O fato de esse conhecimento ter cada vez mais se corrompido com o passar do tempo, e ter sido cada vez mais mal empregado teria sido, em última análise, a causa da submersão da Atlântida. As forças que os atlantes evocavam por meio da magia, mas que depois deixaram de usar de maneira correta, se voltaram finalmente contra eles mesmos e provocaram sua queda. Ao que se diz, os atlantes também exerceram determinada influência em certos setores políticos e culturais do oceano Atlântico; portanto, na atual América Central, na Irlanda e na Grã-Bretanha, além de em regiões mais distantes, importantes para o nosso tema, como no atual Egito. Para o Egito teriam fugido os atlantes que conseguiram sobreviver à tragédia a fim de, com a ajuda de seus poderes mágicos, recomeçar sua cultura. Essa poderia ser uma resposta para os modernos egiptólogos, que até hoje se veem diante de um dilema: por que a cultura egípcia surgiu tão subitamente do nada e por que se mantém estável através dos séculos?

Outro fato que chama a atenção são as descobertas de várias semelhanças, ao compararmos as "antigas" colônias da Atlântida com as egípcias. Além disso, há pirâmides tanto no Egito como na América Central. O papiro, usado como matéria-prima para a escrita e desenho, também cresce em ambas as regiões. A cultura céltica da Irlanda e da Grã-Bretanha apresenta diferenças exteriores quanto às culturas orientais dos povos do mar Mediterrâneo, porém demonstra certos paralelos. Basta compararmos, por exemplo, o círculo de lendas sobre o Rei Artur e os Cavaleiros da Távola Redonda com a história de Cristo e seus Doze Apóstolos. Também podemos incluir nessa perspectiva o país basco espanhol, conhecido centro de magia popular voltada para a natureza.

No que se refere à transmissão oriental, não existe fonte tão clara como o ponto abordado por Platão com relação à Atlântida; no entanto, ele precisa ser descoberto morosamente, por meio das pequeninas peças encontradas em diversas fontes bastante longínquas para que se possa reconstruir o mosaico formando um quadro compreensível. Obtemos, então, a seguinte imagem: na área setentrional do Himalaia, até bem distante no deserto de Gobi, deve haver um sistema bastante ramificado de cavernas subterrâneas, formando uma espécie de reino. Essas cavernas são habitadas por sábios e iniciados que antes viviam na superfície da Terra, mas que, devido ao constante atraso no desenvolvimento da raça humana, ou, segundo outra versão, graças a uma enorme catástrofe ocorrida na região do deserto de Gobi (explosão atômica?), se recolheram a esse mundo subterrâneo. Esses iniciados estariam de posse de uma energia cósmica muito especial, que lhes possibilitou construir esse reino subterrâneo, cujo nome é Agarta e cujo centro é a misteriosa cidade de Schimballah. De Agarta parte uma rede interminável de passagens subterrâneas que percorrem toda a Terra. Diz-se que uma dessas ligações no interior da Terra também existia entre a Atlântida e Agarta. Em determinados pontos, naturalmente mantidos secretos, essas passagens têm uma saída para o exterior, na superfície da Terra, principalmente nas montanhas do Himalaia. Também é mencionado o palácio Potala do Dalai-lama, em Lhasa. Essas cavernas, portanto, também possuem portais, que em casos excepcionais servem de contato entre os sábios de Agarta e o povo terráqueo. Agarta, com sua cidade subterrânea de Schimballah, também é a sede de um misterioso "Príncipe do Mundo".

Outra corrente tradicional nos conta que, com o passar do tempo, os iniciados de Agarta se dividiram em dois grupos, isolando-se no sistema subterrâneo de cavernas, a fim de usarem a força cósmica misteriosa de modo diferente. É provável que esse detalhe se refira ao que se denomina, no âmbito do esoterismo oriental, de caminho da esquerda e, no âmbito do esoterismo ocidental, de magia branca ou negra.

Por mais diferentes que as tradições da Atlântida e de Agarta possam parecer à primeira vista, elas contêm, no entanto, várias semelhanças. Às duas tradições é comum o fato de anteriormente terem demonstrado uma tradição mágica hiperdesenvolvida e, também, o fato de essa tradição ter-se perdido devido à influência negativa do seu desenvolvimento. A Atlântida foi literalmente tragada pelo mar, e Agarta só apareceu devido à reclusão dos iniciados no interior da Terra. No entanto, isso não significa que o antigo conhecimento tenha-se perdido irremediavelmente, pois sempre existe a possibilidade de o redescobrirmos, embora fragmentado e não mais na sua forma pura. No que se refere à perdida tradição da Atlântida, o redescobrimento pode ocorrer procurando-se arduamente os indícios e traços restantes ainda contidos nas mais variadas práticas esotéricas ocidentais. No caso de Agarta, os iniciados saem espontaneamente do seu refúgio, embora raras vezes e em segredo, para se encontrarem com pessoas escolhidas na Terra. Interessante é o fato de os dois nomes, Atlântida e Agarta, começarem com A, a letra que, no esoterismo, é símbolo do início primordial.

Podemos analisar as notícias que temos da Atlântida e de Agarta de duas maneiras. Do ponto de vista mágico, podemos considerá-las uma realidade material. A realidade permanece, mesmo que não possa ser provada de nenhum modo pela arqueologia ou por meio de algum outro ramo da ciência. As chaves são o raciocínio simbólico e o psicológico, mediante os quais obtemos uma percepção de como a sabedoria e os conhecimentos de que a humanidade outrora teve consciência, devido ao desenvolvimento humano, foram relegados, no decurso do tempo, às profundezas do inconsciente, onde ainda existem, mas são de difícil acesso.

Como este livro se destina a leitores do hemisfério ocidental é natural que desde já coloquemos essa tradição esotérica em destaque. Isto é: o esoterismo, ligado ao nome Agarta, deve consequentemente ficar em segundo plano, em favor das irradiações que nos vêm da Atlântida. Isso, no entanto, de modo algum significa um julgamento de valores, mas apenas uma indicação para entendermos que cada pessoa deve conhecer melhor o lugar onde vive e onde nasceu. Pois o lugar em que nascemos e vivemos não é uma mera coincidência, mas, como todos logo perceberão, tem um significado especial; basta se aprofundarem mais no terreno do esoterismo.

A Atlântida desapareceu tragada pelos mares, ficando assim impossível manter um contato direto com ela. Portanto, temos de nos dirigir a um local que, com certa probabilidade, se aproxime das origens; temos de ir para onde nos envia esse "A" que, para o esoterismo ocidental, significa Atlântida. Esse local, como já mencionei, é o Egito.* Não existe lugar nenhum que tenha estimulado tanto a fantasia do mundo ocidental e que tenha levado a tantas especulações como o antigo Egito. Não devemos agradecer esse fato somente às pirâmides, ou talvez à ainda misteriosa Esfinge, que Plutarco associa ao segredo do conhecimento esotérico. Muito mais interesse despertaram as antigas escolas dos sacerdotes, rigidamente organizadas, pois em todas as épocas sempre se acreditou que elas guardavam todos os segredos do mundo, revelando-os somente aos que eram escolhidos para serem iniciados.

Eis aí novamente mencionada a palavra "iniciação", que tão importante papel desempenha no esoterismo. Iniciação não tem semelhança alguma com conhecimento, como muitos supõem e, além disso, o conhecimento não se relaciona com a iniciação. Há pessoas que conseguiram acumular o maior conhecimento possível sem serem iniciadas e, vice-versa, há iniciados cujos conhecimentos, se postos à prova, talvez não bastassem para que fossem aprovados em um exame de nível médio. Quero definir iniciação como uma modificação e ampliação da consciência e do estado de ser, em que o fato principal é não existir retrocesso nesse processo. O conhecimento pode ser esquecido, mas não a iniciação. Além disso, pode-se obter o conhecimento por si mesmo, ao passo que a iniciação sempre depende de algo exterior, como concordam todos os esoteristas.

---

* Em alemão, *Ägypten*. (N. da T.)

Qualquer pessoa pode preparar-se para uma iniciação, mas quanto a obtê-la depende, em última análise, não da própria pessoa, mas de uma instância mais elevada ou transcendental fora do seu âmbito de influência, que irá julgar seu desenvolvimento e seu grau de amadurecimento pessoal. Isso não quer dizer que os não iniciados tenham menos valor do que aqueles que o são. Na minha opinião, todos os homens são chamados à iniciação, porém o momento em que a alcançam é diferente. Sendo assim, a iniciação se assemelha a uma prova, e isso é valido principalmente em nossos dias, quando as verdadeiras escolas de iniciação se tornaram raras e são secretas. Dessa prova se descobre o resultado depois que se consegue passar no exame e que o fato é publicado. Ao mesmo tempo torna-se óbvio que é uma tolice confiar na literatura, nos seminários ou nas ordens que prometem abertamente a iniciação. A verdadeira essência da iniciação talvez seja mais bem explicada se a compararmos com a parábola do filho pródigo contada por Jesus. Esse jovem percorre o mais amargo e penoso caminho de volta para a casa do pai; este, ao vê-lo, sai ao seu encontro, apertando-o nos braços e puxando-o para dentro de casa. Há indícios de que, para cada passo que damos rumo ao nosso objetivo, algo ou alguém vem do além ao nosso encontro. Mas quando e onde esse encontro acontecerá continua sendo um mistério!

Nas escolas-templo egípcias, os que buscavam o caminho da iniciação recebiam ajuda na medida do possível, além da formação doutrinária propriamente dita. Isso, no entanto, acontecia com um grau de perfeição dificilmente compreensível pelos nossos conceitos atuais. O discípulo era enviado numa viagem simbólica dentro da área do próprio templo. Ele desconhecia o caminho rumo ao objetivo e, de fato, seu caminho estava repleto de perigos reais que tinha de enfrentar espontaneamente com os recursos do momento. Ou conseguia vencer esses obstáculos e, então, o caminho rumo ao objetivo tinha continuidade, ou fracassava, e então, ao "menos por algum tempo", tinha de desistir. O acesso à iniciação passava por uma porta que servia apenas como entrada, mas nunca como saída. Nisso reconhecemos definitivamente que, na iniciação, não há retrocesso possível. Quem não estiver pronto a ousar tudo e a arriscar a vida, mesmo sem saber qual é a recompensa, também não é digno nem está apto a tudo o que deseja receber.

Portanto, agora torna-se compreensível o porquê de os ritos iniciáticos das antigas escolas de mistério serem cercados por densos véus de segredo.

O candidato devia percorrer o caminho sem nenhum conhecimento, apenas com suposições. Há indícios de que as pirâmides tenham sido construídas para essa finalidade – suposição que eu considero correta – pois em suas "câmaras funerárias" e em seus sarcófagos ninguém era enterrado, a não ser simbolicamente. Os que pretendiam obter a iniciação eram deixados lá durante certo tempo, a fim de captar a energia e a influência vibratória das formas da pirâmide. Eles nem sequer tinham certeza de que seriam libertados dessa incômoda situação. Provavelmente, a experiência e o conhecimento obtidos nesse estado de extrema tensão eram o objetivo e o conteúdo da iniciação.

Os egiptólogos sempre apresentaram a cultura do Egito antigo levando em conta seus túmulos, sarcófagos, suas cidades mortuárias e suas múmias, enfatizando o culto aos mortos, o qual visava assegurar aos homens uma vida duradoura depois da morte. Atualmente, o texto mais usado para consubstanciar essas afirmações é *O Livro Egípcio dos Mortos*. * A palavra egípcia para morte

---

* Publicado pela Editora Pensamento, São Paulo.

no título desse livro também pode ser traduzida por iniciação. Consequentemente, a antiga cultura egípcia não seria um culto aos mortos, mas um culto à iniciação. Além disso, *O Livro Egípcio dos Mortos* não descreveria as ideias dos egípcios sobre a vida depois da morte, mas sim o que a alma tem de enfrentar em seu caminho para as profundezas do próprio *self*. Com isso, os limites entre vida e morte seriam realmente desvendados; a morte nada mais seria do que uma outra forma de vida, e a vida, outra forma de morte. Talvez fosse essa a experiência a que era submetido o neófito durante o processo de iniciação.

Seja como for, as expressões individuação e autodescoberta, usadas algumas vezes pela psicologia moderna como sinônimo de iniciação, só refletiriam imperfeitamente o que na verdade acontece na iniciação ou o que acontecia no antigo Egito; e há algo de que podemos ter certeza: sem a disposição de se arriscar a ganhar ou perder tudo, também hoje não é possível obter uma iniciação. É nesse ponto que se decide se alguém se tornará um sábio ou um iniciado.

Hermes Trismegisto

O outro rumo do esoterismo, o conhecimento, é representado na tradição do antigo Egito pelo nome de Hermes Trismegisto. Segundo a tradição, Hermes Trismegisto é uma figura lendária, semideus e semi-homem; é a personificação do princípio esotérico no limiar entre a época do antigo império egípcio e o helenismo. No mundo dos deuses egípcios, Hermes Trismegisto nada mais é do que o deus Thot, o deus da sabedoria, o deus que descobriu os hieróglifos, os desenhos sagrados da escrita; ele também elaborou o calendário, mediu o tempo e, sobretudo, criou todos os sistemas de medida existentes, englobando todo o conhecimento do mundo num livro misterioso, chamado *Livro de Thot*. Diz-se que esse livro foi preservado nas catacumbas do seu templo em Hermópolis. Com a aurora do helenismo, Hermes Trismegisto passou a personificar, antes de mais nada, o princípio espiritual e filosófico que, para as pessoas daquela época, não estava mais necessariamente associado ao princípio divino e transcendental. Existe uma lenda que diz que, depois de ter conquistado o império egípcio, Alexandre o Grande descobriu o túmulo de Hermes Trismegisto onde atualmente fica a cidade de Alexandria. Ao entrar na câmara mortuária, Alexandre descobriu que a múmia de Trismegisto estava deitada com uma tábua de esmeralda nas mãos, na qual estavam gravadas as leis básicas do cosmos: a *Tabula Smaragdina*. Atualmente ela ainda é considerada o texto básico de todo esoterismo ocidental. Eis o seu teor:

1. Isto é verdade, não há dúvida: é verdadeiro e confiável!
2. Vejam, o que está acima é como o que está embaixo; o que está embaixo é igual ao que está em cima, para que aconteça um único ato maravilhoso.
3. Todas as coisas se formaram mediante um único processo, a partir da mesma matéria-prima.
4. O Sol é o seu pai; a Lua é sua mãe. O vento o carregou no ventre e a Terra o sustentou.
5. Ele é o pai das obras mágicas, o guardião dos milagres. Suas forças são perfeitas e é ele que dá vida às luzes.
6. Trata-se de um fogo que se transforma em terra.
7. Separem a terra do fogo, separem o sutil do grosseiro, com muito cuidado e arte.
8. Nele está a força do superior e do inferior. Assim, torna-se regente do superior e do inferior. Pois, se está com a Lua das Luzes, as trevas se afastam de ti.
9. Com a Força, com a reunião das forças, dominarás tudo o que for sutil e penetrarás em tudo o que for denso.

10. Na medida em que surgir o macrocosmo, surgirá o microcosmo e esta é a minha Criação.
11. Esta é a criação do pequeno mundo, e desse meio surgirão as obras dos sábios.
12. E por isso fui chamado de Hermes Trismegisto, Hermes o Três Vezes Grande.

Quem entendeu o mito de Pã, filho de Hermes, no capítulo anterior, entenderá perfeitamente por que o nome de Hermes torna a aparecer. Também aqui, Hermes representa o princípio da sublimação, da elevação e do aperfeiçoamento, como vimos no mito de Pã e Hermes. O texto da tábua de esmeralda, como a lei do cosmos, quer nos dar uma percepção intuitiva dos grandes inter-relacionamentos e, desse modo, nos liberar o caminho do conhecimento. Usando uma fórmula abreviada, isso significa que quem entendeu o texto da tábua de esmeralda entendeu o universo, tornando-se apto para lidar adequadamente com o conhecimento, formular sua vida de acordo com ele e viver como parte da organização cósmica. As leis herméticas de Hermes Trismegisto podem ser sintetizadas em quatro princípios fundamentais:

1. Tudo o que acontece no âmbito superior tem seu correspondente também nos âmbitos inferiores. O que acontece na esfera mais elevada influencia a esfera inferior; e, ao contrário, tudo o que acontece na esfera inferior é um reflexo daquilo que existe no superior. Resumindo, esse princípio é citado como: "Em cima, como embaixo."
2. Tudo no mundo é polar. Isso significa que tudo o que existe se apresenta de duas formas; tudo se acha disponível em dois polos que estão em tensão mútua, como masculino-feminino, positivo-negativo, visível-invisível, e assim por diante.

3. Entre esses acontecimentos repletos de tensão representados por polos diferentes, existe um fluxo mútuo de forças que faz surgir algo novo, ou seja, uma terceira coisa que, junto com os dois primeiros polos, forma uma nova unidade. Essa unidade se torna então polo de tensão. Quando, por exemplo, um homem e uma mulher geram um filho, aparece uma nova unidade familiar, que pode se desenvolver também em outra família se viver em sua comunidade. Duas comunidades podem ser o ponto de partida para uma cidade, e assim por diante. O exemplo pode ser ampliado até chegarmos a toda a humanidade.
4. Tudo no cosmos é cíclico, rítmico e está sujeito à lei do equilíbrio ou da compensação. São exemplos o batimento cardíaco, a respiração ou a lei da gravidade no universo que faz com que os astros percorram órbitas exatamente calculáveis e que, ao longo dos milênios, se enquadraram tão bem que surgiu uma organização perfeitamente reconhecível. Se não houvesse esse equilíbrio, o cosmos há muito teria saído dos eixos e teria sido destruído. A toda atividade corresponde um momento de pausa. A expansão e a contração do coração formam a batida cardíaca; a inspiração e a expiração constituem a respiração. E tudo isso acontece numa certa harmonia; caso contrário, nem poderia funcionar.

Com esses princípios básicos pode-se compreender quase tudo o que diz respeito ao esoterismo.

O Helenismo

O antigo império egípcio sobreviveu de modo estável durante vários milhares de anos. Do ponto de vista da história ocidental, o fato é algo quase inacreditável, pois muitas modificações e ampliações de fronteiras ocorreram.

O motivo final disso se deve ao fato de a liderança política do Egito estar interessada em governar o país visando, antes de tudo, manter e assegurar o conhecimento esotérico. Porém, como nada neste mundo é eterno, chegou o momento inevitável em que esse país misterioso teve de entregar seu papel e sua função na história da humanidade a outros povos mais recentes. Há longo tempo o sistema de iniciação egípcia era uma exclusividade destinada estritamente à classe sacerdotal: a grande reserva e o isolamento em que essa classe vivia, afastada do restante do povo, visava resguardar da maneira mais inalterada e pura possível o seu conhecimento. Na época final do império, no entanto, houve o risco de se perder esse conhecimento junto com o desaparecimento da classe sacerdotal.

Enquanto na margem sul do mar Mediterrâneo o império egípcio caía lentamente na obscuridade histórica, na margem setentrional brilhava a Grécia chegando ao apogeu. O povo grego também foi escolhido para receber em mãos os mistérios do Egito, a para resguardá-los para a época vindoura. Isso, contudo, significava que o conhecimento precisava ser adaptado para corresponder a esse novo povo. Um povo que, segundo seu estilo, já não construía secretos e escuros templos maciços e gigantescas pirâmides, mas criava belas e graciosas estátuas e cujos templos estavam sempre inundados de luz. Essa leveza e espírito lúdico não se revelavam somente nas competições dos jogos olímpicos, mas também no cuidado com a elegância com que eram cultivados o espírito e a força dos pensamentos. Para os sábios gregos, o raciocínio tinha uma conotação esportiva, associada ao esforço de vestir a profundidade dos pensamentos com uma bela e tênue roupagem. Em virtude desse fato, muitas vezes esoterismo e literatura se fundiam numa coisa só.

Essa transição foi representada principalmente pelos nomes de Pitágoras e Platão (ambos os nomes começam com a letra P, que na linguagem simbólica do alfabeto hebraico significa "boca"). De Pitágoras (cerca de 582 a 500 a.C.) praticamente não existem testemunhos diretos, embora ninguém duvide de que ele tenha de fato vivido. Pitágoras é conhecido, do ponto de vista esotérico, como matemático e como descobridor dos teoremas que receberam seu nome. No entanto, seu significado está na tradição do conhecimento esotérico. Ao que parece, na sua longa vida ele visitou quase todos os países do mundo então conhecido; muitos chegam a afirmar que ele teve aulas com os brâmanes da Índia, para então finalmente passar durante vinte e dois anos por todas as etapas de uma iniciação no Egito. (Esse número, por certo, também tem seu significado simbólico, pois vinte e dois é também o número de letras do alfabeto hebraico e o número dos Arcanos Maiores do Tarô.) Enquanto viveu no Egito, Pitágoras foi testemunha dos crescentes ataques dos povos bárbaros provenientes do leste às fronteiras do antigo império. Com o conhecimento consciente da aproximação do fim, Pitágoras achou que era sua tarefa salvar o antigo conhecimento para uma nova época. Não é de se excluir a suposição de que recebeu essa incumbência dos próprios egípcios. Depois que cumpriu seu tempo de aprendizado no Egito, voltou à Grécia; no entanto, não conseguindo instalar-se ali, terminou instalando-se em Crotona, no sul da Itália, onde fundou uma escola iniciática segundo o modelo egípcio. Vista de fora, essa escola apresentava grande semelhança com uma comunidade sacerdotal, na qual, no entanto, viviam juntos homens e mulheres. Quem desejasse participar dessa comunidade tinha de passar por uma série de provas difíceis, e só então era iniciado por etapas no conhecimento esotérico.

Foi assim que Pitágoras criou o que atualmente chamamos de ordens, usando uma linguagem esotérica. O imperativo superior era aqui também manter secreto tudo o que se referisse às ordens e ao seu conhecimento. Isso foi cumprido à risca. É por isso que hoje tudo o que temos sobre os ensinamentos de Pitágoras é uma "mais ou menos" bem-sucedida reconstrução. Segundo essa reconstrução, o discípulo tinha como primeira obrigação a de disciplinar o caráter e de viver sua vida pessoal de acordo com os princípios éticos das ordens. Em seguida, ele era iniciado nos ensinamentos essenciais da cosmogonia (cosmogonia significa criação do mundo e o estudo do surgimento do cosmos e de suas leis). Depois, o discípulo aprendia as palavras que eram representações simbólicas das forças que regiam o cosmos e, finalmente, descobria até que ponto, como homem possuidor de uma alma, ele fazia parte dessas forças cósmicas. A cosmogonia era ensinada na escola pitagórica a partir dos números e seus inter-relacionamentos. A matemática era, de certo modo, o carro-chefe do ensinamento esotérico.

Apesar do seu imenso conhecimento e de toda a sua sabedoria, Pitágoras deixou de ver um fato importante, e esse erro levou por fim à sua queda pessoal, bem como à queda da sua escola. No antigo Egito, apesar de tudo, sempre houve um elo de ligação entre a seleta classe sacerdotal e o povo, que era representado pelo rei, o faraó. Na época de Pitágoras, no entanto, o mundo grego dava os primeiros passos para alcançar uma forma política democrática. Isso fez com que uma comunidade tão visivelmente organizada como a pitagórica fosse vista cada vez mais como um Estado dentro do Estado e, consequentemente, fosse considerada uma rival. O severo voto de manter secretos todos os ensinamentos e acontecimentos dentro da ordem acabou por provocar toda sorte de suposições, temores e uma sensação de ameaça. Portanto, cada vez mais a população de Crotona voltou-se contra a ordem, acabando por destruí-la com lutas sangrentas durante as quais tanto Pitágoras como vários de seus adeptos perderam a vida. Na história do esoterismo deparamos, de vez em quando, com vários acontecimentos semelhantes.

Platão (428-348 a.C.) enveredou por outro caminho. Como discípulo de Sócrates, viu seu mestre entrar em conflito com as forças do Estado por ser um pensador autêntico, acabando por pagar com a morte. O choque parece ter acompanhado toda vida de Platão. Ele também viajou bastante pelo mundo e recebeu sua iniciação no Egito, embora não atingisse um nível tão alto como Pitágoras. Ademais, Platão reconheceu a missão, ou dela foi incumbido pelos sacerdotes egípcios, de espalhar o aprendizado dos mistérios por todo o mundo helenístico. No entanto, ele se viu diante de um dilema com o juramento de sigilo absoluto que todos os que recebiam a iniciação tinham de prestar. Pitágoras resolveu esse conflito fundando uma ordem exteriormente isolada e segura, cujo interior o conteúdo dos ensinamentos podia ser disseminado despreocupadamente. Platão, ao contrário, fundou uma escola que se integrou na vida pública e que, portanto, podia ser examinada e controlada a qualquer momento. Embora isso o tenha livrado do destino de Pitágoras, foi-lhe muito mais difícil manter o juramento de segredo. Platão preservou os ensinamentos esotéricos essenciais nas entrelinhas de seus escritos; isso deu origem a um lado exotérico e a um lado esotérico de Platão. Para os ingênuos, os escritos de Platão são repletos de beleza e de sabedoria, mas somente quem, de algum modo, já alcançou certo grau de iniciação é capaz de neles também reconhecer o que é essencial e genuinamente esotérico.

O discípulo de Platão, Aristóteles, tornou-se o mestre de Alexandre o Grande (356-323 a.C.). A importância de Alexandre para o esoterismo não residiu no plano espiritual, mas no político. Uma incrível e audaciosa campanha o levou até o norte da Índia. Consequentemente, houve em seu reino uma mescla de variadas culturas e influências. Seu objetivo político visava a uma síntese das culturas ocidental e oriental. Embora não tivesse conseguido realizá-lo devido à sua morte prematura, ainda assim ele estabeleceu as bases para essa mescla, tanto que durante muito tempo as mais diversas correntes espirituais e culturais se uniram e se fecundaram. Com isso, surgiu a época do helenismo, tão importante para o esoterismo. Essa época é tão rica em sua multiplicidade que pode ser destacada dentro desse pequeno período de tempo. Mas também a literatura era versátil, o que permitiu que cada interessado pudesse escolher o ramo do conhecimento que quisesse aprender e divulgar.

Portanto, vimos a tradição do conhecimento esotérico no mundo helenístico. Esse conhecimento é o mesmo que ainda tem valor para o mundo moderno. Além dele, também a outra ramificação, ou seja, a iniciação, foi cultivada no seu sentido original de experiência e ampliação da consciência. Isso acontecia dentro do assim chamado *Orfismo* e dos *Mistérios de Elêusis*. O orfismo recebeu seu nome do cantor de lendas, Orfeu, conhecido de todos por ter trazido sua amada esposa, Eurídice, de volta do inferno com a força de seu canto, embora a tivesse perdido novamente quando, contrariando a ordem do deus dos infernos, virou-se para olhar para ela. Orfeu era famoso por causa do seu canto, com o qual também encantava as plantas e os animais. Diz-se que as árvores se voltavam para ele, que os pássaros, os animais da floresta e os peixes se reuniam à sua volta, e que, enquanto cantava, os animais selvagens tornavam-se domesticados. Orfeu conseguia domar a violência onde esta existisse e obter a harmonia com seu canto, além de mover as pedras. Assim sendo, Orfeu tornou-se o representante da iniciação como ampliação e alteração da consciência. Não há dúvida de que nisso não deixa de existir um risco, o que nos mostra o mito acerca de sua morte. Ele foi assassinado pelas bacantes embriagadas. O culto órfico era extático e orgiástico; o que lhe dava sentido era o fato de o homem, nesse estado de embriaguez, sentir-se e imaginar-se um com o cosmos e a natureza. O verdadeiro ensinamento dos órficos parece ter sido uma união de cultos orientais e ocidentais à natureza, do qual também não deve ser excluída certa influência do pensamento hindu.

Na cidade grega de Elêusis, no golfo de Agina, aconteciam iniciações misteriosas em alojamentos dos templos, e a forma exterior da iniciação guardava certa semelhança com a egípcia. Essas iniciações eram realizadas ali desde o ano de 1800 a.C. Seja como for, ao contrário dos mistérios egípcios, os mistérios eleusinos estavam abertos a um círculo maior de pessoas, pois no final da Idade Antiga, por assim dizer, os eleusinos tornaram a iniciação acessível a todas as pessoas. Mas, também nesse caso era feito juramento de manter segredo sobre os fenômenos da iniciação; e é de causar espanto que, apesar do grande número de pessoas iniciadas, o segredo tenha se mantido bem guardado, tanto que até hoje quase nada sabemos sobre ele, restando-nos meras suposições. É provável que o conteúdo dos mistérios eleusinos seja semelhante ao dos egípcios, talvez com o objetivo de transmitir à humanidade a noção de morte e renascimento. O neófito (em grego, *neophytos*, isto é, o recém-plantado, ou melhor, o candidato à iniciação) era levado ao ritual de iniciação por um hierofante (em grego: "o que esclarece as coisas sagradas"), cujo objetivo era obter a pretendida experiência. Uma tentativa de reconstrução, que vale a pena ser lida, é a de Woldemar von Uexküll em seu livro *Die Mysterien von Eleusis* [*Os Mistérios de Elêusis*], da Editora Schwake.

Do Monte Sinai até o Templo de Jerusalém

O legado dos mistérios egípcios não foi confiado apenas ao mundo helênico, mas também – de uma outra maneira, e com outro intuito – ao enigmático povo judeu. Como o cristianismo proveio da religião judaica, que nos dois últimos séculos impregna a cultura espiritual do hemisfério norte, esse povo, ao lado dos gregos, foi a segunda coluna-mestra do espírito ocidental e do seu esoterismo. Nada impede que de um ponto se irradiem dois caminhos, e que estes, depois de certo tempo, tornem a se unir!

Na Bíblia, o Velho Testamento conta detalhadamente a história desde o povo judeu até o mundo cristão: do tronco de Abraão nasceram doze tribos. A Bíblia também conta que, durante certo tempo, esse povo viveu escravizado no Egito, até que um homem chamado Moisés, criado na corte do faraó e que havia cursado a escola dos mistérios dos sacerdotes, os libertou dessa vida de escravidão. Então, o povo judeu passou vários anos no deserto vivendo como nômade e foi no deserto que o próprio Deus lhe deu os mandamentos. Daí em diante, o deserto passou a representar o centro em que se desenrolavam suas vidas e onde esses homens seguiam os mandamentos divinos.

Depois que Moisés morreu, o povo dirigiu-se para a margem do Jordão, conquistou os povos que ali viviam, construindo uma cidade própria, com seu próprio rei. O mais poderoso e influente dos seus reis foi Salomão, que construiu um Templo para

Deus na cidade de Jerusalém como uma manifestação visível do espírito de Deus ao povo. Uma das características mais marcantes desse povo foi sua tenacidade e perseverança na manutenção da tradição, o que representou para o esoterismo ocidental, em mais de um sentido, um sinalizador, ou seja, um guia do caminho. O povo judeu nunca conseguiu integrar-se no mundo romano; ele se manteve à parte, isolado de todos os povos que se reuniam sob a unidade romana, representando uma exceção, o que inevitavelmente levou ao conflito. Esse conflito foi resolvido a favor de Roma quando, finalmente, no ano 70, houve a destruição do Templo pelo imperador Tito e a expulsão do povo judeu de sua pátria.

A importância do povo judeu não está só no fato de ele ter elaborado as bases até que delas pudesse surgir o cristianismo, mas no fato de que, de uma outra maneira específica, os judeus também eram os guardiões da antiga tradição egípcia. Esse legado é, antes de mais nada, a cosmogonia secreta da cabala, sobre a qual falarei mais adiante com mais detalhes (ver página 177 e seguintes).

A colonização do povo judeu no antigo Egito não é historicamente comprovável, embora muitos pesquisadores suponham que exista uma correlação entre os judeus e o lendário povo dos hicsos, que durante algum tempo dominaram o Egito e até mesmo elegeram faraós. No entanto, a probabilidade de que na história bíblica haja uma semente de verdade é grande: o nome Moisés surgiu da língua egípcia. Numa observação mais atenta, pode-se verificar uma concordância entre a religião judaica e a egípcia, mesmo que à primeira vista elas se apresentem de modo diametralmente oposto. A característica da religião egípcia era o grande número de deuses, ou, em outras palavras, formas divinais em que se expressavam as múltiplas forças e energias cósmicas. Os iniciados das escolas sacerdotais sabiam muito bem que esse mundo dividido de deuses nada mais era do que a expressão de um princípio de unidade, de um Deus que rege todo o universo. Podemos supor que a revelação e o conhecimento desse Deus único fosse um objetivo da iniciação. O mundo multiforme dos deuses era, portanto, a manifestação da crença exotérica egípcia; e o lado esotérico era o conhecimento desse Deus único onipresente. Na religião judaica, deparamos com um sistema exatamente oposto. O Deus que tudo abrangia e tudo comandava era adorado exotericamente pelo povo. O ensinamento secreto interior, no entanto, baseava-se no fato de que o todo-poderoso se manifestava mediante várias formas de energia; tal como no mundo dos deuses egípcios elas se manifestavam por meio de vários nomes de deuses.

A Igreja e a Gnose

Inexoravelmente, o eixo oscilante da Terra se movimenta regressivamente, através da eclíptica, de signo para signo. A Era de Áries ia chegando ao fim, e a humanidade daquela época se preparou para ajustar sua vida aos aspectos do novo espírito e raciocínio cósmico.

Assim, a Era de Peixes foi sendo lentamente preparada, e é conhecida como a era que foi impregnada pelo cristianismo e pelas suas mensagens. A palavra "cristianismo" é derivada de Cristo (do grego: "o ungido"). Ele é o Messias, no sentido judaico, o intermediário e o elo de ligação entre Deus e os seres humanos, e, para o mundo cristão, é personificado por Jesus de Nazaré. O calendário cristão toma como data-base o nascimento de Jesus de Nazaré, em Belém. Ele nasceu na província romana da Judeia, as circunstâncias de seu nascimento são descritas por Lucas na história do Natal e hoje pertencem à sabedoria popular.

A figura de Jesus de Nazaré, conhecido como Cristo, vem comovendo as pessoas do hemisfério ocidental nos últimos dois mil anos. As divergências quanto a quem ele de fato seria, se o verdadeiro Messias, o enviado de Deus, um grande iniciado, um sábio mestre ou simplesmente um mero peregrino e pregador continuam sendo até hoje pontos controvertidos. A Igreja, com sua estrutura dogmática – que surgiu nos primeiros séculos de um amargo conflito –, fixou mais ou menos o que aquele que acredita tem de observar em Cristo, Jesus de Nazaré. Para o esoterista, as especulações sobre a pessoa de Jesus até o momento ainda não foram definitivamente respondidas. A estrutura deste livro teria de ser muito ampliada caso eu me detivesse com maior profundidade no estudo dessa problemática, sobre a qual, aliás, existe suficiente número de livros. Assim sendo, restrinjo-me a uma breve síntese e narrativa dessas teses.

Para a Igreja cristã, Jesus é o filho de Deus, o Messias esperado pelos judeus que, mediante uma morte sacrificial, apaga na cruz os pecados dos homens, estabelecendo desse modo a reconciliação entre o divino e o humano. Outros, por sua vez, veem nele um mestre de sabedoria que objetivou mostrar um caminho de amor abrangente para os judeus, emaranhados no rígido cumprimento da lei. Nesse caso, o centro das considerações é o Sermão da Montanha, no Evangelho de Mateus.

Os esoteristas que pertencem mais ao ramo teosófico, veem em Jesus um grande iniciado, até mesmo o "Mestre" (ver página 117) que costuma surgir no início de cada nova época. Nesse sentido, Jesus foi um Avatar (do sânscrito: "o que vem vindo"), um Deus ou uma força divina, a encarnação de um ser superior, que em seu desenvolvimento já ultrapassou a necessidade do renascimento, mas que, para ajudar a humanidade e ensiná-la, se encarna no corpo de um simples mortal. Acredita-se que um desses Avatares, principalmente em épocas de transição, como na mudança de um mês cósmico para outro – aqui, portanto, na troca da Era de Áries para a de Peixes – sempre faz sua aparição. Nos últimos anos, outro ponto de vista está sendo submetido a discussão: o fato de a Bíblia não conter nenhuma notícia dos quase trinta anos de sua vida, em que viajou para o Oriente, para a Índia e, principalmente, para o Tibete, onde recebeu sua iniciação; e o Avatar morreu ao tentar transmitir esses conhecimentos iniciáticos ao povo judeu.

Nenhuma dessas teses pode ser clara e firmemente comprovada. Pessoalmente, estou convencido de que Jesus conhecia o conceito e a essência do karma. (Karma significa que o homem é confrontado com os efeitos de seus pensamentos e ações, tanto na vida atual como nas anteriores, para deste modo compensar os desequilíbrios causados por eles, para que seja restabelecida a ordem cósmica e recuperado o equilíbrio.) Do evangelho pode-se depreender que Jesus adotava o ensinamento da reencarnação. Quanto a esse tema, comenta-se nos círculos esotéricos que a Igreja retirou os trechos do evangelho que a ele se referiam e os resguardou da vista do público arquivando-os na Biblioteca do Vaticano. Não creio nisso; se fosse assim, os censores teriam então feito mal o seu trabalho, pois deixaram escapar uma porção de textos bem elucidativos. Para mim, Jesus Cristo é um ser humano, possivelmente um iniciado, portador do princípio crístico. Sua iniciação não tem de ser, obrigatoriamente, de natureza oriental ou tibetana, mas pode ser explicada com base na cabala.

Isso também esclarece a sua execução que, sobretudo, ocorreu devido às intrigas e às iniciativas dos agrupamentos espirituais dos fariseus. Os fariseus eram, desde o século V a.C., os portadores de um conhecimento mantido em segredo e queriam a execução de Jesus porque ele estava revelando esse conhecimento às pessoas simples por meio de suas parábolas e ensinamentos. Seu aparecimento em público era muito adequado àquela mudança de era.

Nos exatos momentos de mutação dos tempos sempre acontece o mesmo fenômeno: o conhecimento, antes mantido em segredo e reservado a uns poucos círculos esotéricos, de repente se espalha e se torna mais ou menos acessível ao povo em geral. Esse fenômeno já aconteceu no início da Era de Áries, quando os Vedas dos rishis foram transmitidos por meio da linguagem e, desse modo, puderam ser lidos e compreendidos por todos. E o mesmo fenômeno observamos hoje na passagem da Era de Peixes para a Era de Aquário, que, indiretamente, é um dos motivos deste livro.

Deixemos, então, a imagem de Jesus de Nazaré e voltemo-nos aos efeitos causados, pelo seu aparecimento, nos dois milênios seguintes.

O aparecimento e a atividade de Jesus Cristo, portanto, dão início, em nosso hemisfério ocidental, à era de Peixes. Os cristãos, no entanto, provavelmente jamais teriam entendido o significado que Jesus representa atualmente, se não tivessem utilizado desde o início um veículo que lhes permitisse divulgar ao máximo sua mensagem, provocando também o maior efeito possível. Esse veículo foi o Império Romano. Quando Jesus de Nazaré nasceu, quem estava no poder era o imperador Augusto, sob cujo domínio Roma teve sua maior época de progresso.

O Império Romano ia desde a Grã-Bretanha até as fronteiras da Pérsia, no Ocidente, e abrangia toda a região do mar Mediterrâneo. Até Augusto, o Império Romano era uma república, mas, com a sua expansão, objetivava-se assegurar e manter esse estado de coisas, o que consequentemente provocou uma mudança na estrutura política, passando de república para monarquia, onde o chefe era o imperador. Esse imperador passou a ser o líder secular e espiritual de múltiplas comunidades de povos diferentes, que personificavam as suas ideias centrais.

O desenvolvimento espiritual e religioso dos séculos seguintes foi pautado por dois conflitos, um isolado do outro e ambos marcados por uma amarga crueldade. O primeiro conflito foi um confronto político e, principalmente, espiritual pelo poder entre o imperador romano e o Rei do Mundo, Jesus de Nazaré; uma luta com o Cristo, na medida em que seus adeptos o adoravam e situavam sua autoridade acima da do imperador. Isso resultou em inúmeras perseguições aos cristãos, das quais, apesar de horrendos martírios sofridos, os cristãos, em última análise, saíram vencedores. Ao imperador, que estava perdendo terreno, nada mais restou além de unir-se ao clero para poder alcançar seu objetivo: salvar o Império Romano dos ataques das hordas de bárbaros. Isso foi feito pelo imperador Constantino, que no século IV declarou o cristianismo religião estatal. Assim, os cristãos se estabeleceram e ficaram livres das perseguições. O preço que tiveram de pagar por isso foi ter de apoiar e sustentar o mesmo poder que até então os perseguira até a morte.

Como tantas vezes aconteceu na história, os perseguidos e os oprimidos se tornaram os aliados ou seguidores daqueles que os oprimiam, na medida em que estes se tornaram mais fracos.

Jesus de Nazaré era um esoterista e, portanto, queria que a sua mensagem fosse entendida esotericamente. Trezentos anos depois da sua morte aconteceu exatamente o oposto: o cristianismo, religião oficial do Império Romano, se transformou cada vez mais numa religião exotérica e vendo-se sob pressão foi forçado a banir tudo o que fosse esotérico de sua doutrina, durante as perseguições. Esse foi o segundo conflito entre a Igreja e a gnose, tendo sido conduzido com amarga rigidez, assim que a vitória paulatina do cristianismo começou a tornar-se evidente no século II. Finalmente, o conflito terminou com o estabelecimento da Igreja exotérica estatal e com o banimento dos esoteristas gnósticos para um segundo plano. Entender e mencionar este conflito, em todas as suas nuances e efeitos, é um trabalho muito difícil até mesmo para os especialistas, com todo o seu grau de experiência. O motivo dessa dificuldade é que a vitória sobre a gnose foi tão total e complexa que, até hoje, não temos testemunhos diretos nem documentos dessa orientação espiritual dentro do cristianismo. O que foi a gnose sabemos apenas a partir dos escritos de seus adversários, e temos de nos dar por satisfeitos se ali de vez em quando encontrarmos uma citação literal de algum texto gnóstico perdido.

A palavra gnose provém do grego e significa "conhecimento transcendental". Podemos tornar essa definição mais precisa. Gnose representa a aptidão de captar a força de todos os acontecimentos mediante os sentidos disponíveis, ou seja, a força que mantém o cosmos vivo. Com isso, fica evidente que o conceito de gnose indica o conteúdo esotérico dentro de um determinado sistema religioso, e torna-se óbvio que a gnose não é de modo alguma uma propriedade do cristianismo, mas que todas as grandes religiões mundiais têm o seu lado gnóstico. Mas apenas no cristianismo ela foi tão condenada e, finalmente, expurgada, enquanto nas outras religiões foi mais ou menos tolerada, como por exemplo no sufismo islâmico. Um ramo mais conhecido e integrado da gnose é a cabala dentro do judaísmo e certas orientações ióguicas no budismo.

Quando o cristianismo se tornou a religião romana oficial no século IV, teve de aceitar os exercícios de poder que serviam à base estatal do Império Romano, e os cristãos tiveram até mesmo de participar deles. Ao mesmo tempo, esse foi o "pecado" do cristianismo, visto que o impediu de cumprir a missão estabelecida para a Era de Peixes.

Esse desenvolvimento manifestou-se definitivamente quando o bispo de Roma se apropriou do título oficial de "Pontifex Maximus". Com esse título, ele comprovou sua pretensão de que o cristianismo, como instituição da Igreja, em todos os sentidos, inclusive no mundano e no político, era uma herança do Império Romano e que, portanto, lhe pertencia. Na medida em que o cristianismo passou a ser uma Igreja, tornou-se a base institucional da Era de Peixes e, portanto, também desaparecerá com ela. A Igreja estabeleceu sua força com a ameaça de que, fora dela, não haveria salvação possível. O meio para dar certa consistência a essa ameaça era a administração dos sacramentos. A salvação eterna dos homens dependia de eles obterem ou não esses sacramentos. Foi assim que a Igreja cristã conseguiu fincar raízes seguras e governar durante séculos com seu poder espiritual.

A primeira intenção da Reforma foi uma honesta tentativa de anular esse poder e, consequentemente, a reforma renunciou à maioria dos sacramentos. Mas os sacramentos foram logo readmitidos "sub-repticiamente" pela porta dos fundos, quando as igrejas protestantes se intitularam guardiãs da ética e da moral dentro estrutura social. Desde essa época, os protestantes adotaram a mesma política da Igreja católica romana. Na prática, isso significa o reconhecimento da autoridade clerical e da sua imprescindível organização. Como representante dessa autoridade no Ocidente, assumiu o poder o bispo de Roma, o Papa, que ficou sendo um "representante de Deus na Terra".

O pensamento gnóstico baseia-se no conhecimento da harmonia direta do ego pessoal com o ego mundano. Portanto, não se trata de reconhecimento de uma autoridade superior ou mais elevada que fique em primeiro plano, mas de uma experiência iniciática a que cada pessoa tem de se submeter isoladamente, enquanto indivíduo, pois ela leva à sabedoria. O confronto desses opostos provocou a luta, como já mencionei, e esta terminou com a derrota da gnose e com sua eliminação da Igreja cristã. A gnose continuou existindo em segundo plano, no qual permaneceu oculta por quase dois mil anos, sobrevivendo como esoterismo ou conhecimento secreto; agora está saindo desse segundo plano, vindo novamente à luz do dia em nossa época, renovando sua pretensão de participar dos acontecimentos deste mundo. Não é fácil ter uma visão dos intricados e ocultos caminhos subterrâneos percorridos pelo esoterismo no transcurso dos últimos séculos. Alguns grupos tentaram trazer, de vez em quando, os pensamentos gnósticos e a vida esotérica à tona, mas essas tentativas sempre terminaram com uma amarga derrota. Parece que atualmente é tempo propício para se viver outra vez esse esoterismo às claras. Voltaremos a falar nessas tentativas fracassadas logo adiante.

O Neoplatonismo, Apolônio de Tiana

Por mais importante e significativo que fosse o confronto entre a Igreja e a gnose dentro do cristianismo que, cada vez mais acentuadamente, tratava de participar do poder nos estados romanos, não podemos perder de vista o fato de que o antigo paganismo continuava vivo. Apesar de cada vez mais perder sua importância cultural e seu significado, ele defendia seus conceitos numa escola denominada neoplatonismo. Como o próprio nome diz, o neoplatonismo adotou as ideias de Platão e, correspondentemente, as particularidades da época romana posterior, tentando mantê-las vivas. Isso significa que o neoplatonismo também participava desse raciocínio e do espírito da época, surgido no helenismo que provinha de fontes orientais.

O neoplatonismo está, antes de tudo, associado ao nome de Plotino, que foi seu principal representante. Os neoplatônicos ensinavam, como os gnósticos, que a alma humana havia se separado de Deus ou do divino e, ao mesmo tempo, seguindo a lei da gravidade, caíra das esferas divinas, ficando presa no âmbito material. Portanto, a tarefa da alma é soltar-se da prisão material e, finalmente, unir-se outra vez com o divino.

Plotino afirmou ter conseguido essa união por quatro vezes. As exigências para que isso aconteça são, ou uma correspondente mudança de vida, que tem de se distanciar o máximo possível das necessidades materiais (inclusive mantendo a ascese sexual), ou a introdução de forças espirituais sobrenaturais. Para os neoplatônicos, como na religião dos antigos, a natureza tinha vida e o plano intermediário entre o divino e o humano estava povoado por diferentes seres espirituais ou mundos dos espíritos, que ligavam os dois âmbitos. Por meio da necessária purificação, os neoplatônicos conseguiam entrar em contato com os mundos espirituais.

Plotino foi o representante do ramo filosófico do neoplatonismo, e Apolônio de Tiana tornou-se a figura simbólica dessa orientação mágico-religiosa. O aparecimento e a vida de Apolônio de Tiana apresentam tantos paralelos notórios com Jesus

Cristo que surge outra vez a tese de que ele talvez nem tenha vivido de fato, ou que, conscientemente, foi transformado num anti-Jesus pagão. Durante sua vida, Apolônio fez várias viagens para terras distantes, que o levaram até a Babilônia e a Índia, e em cada lugar ele estabeleceu contato com as vibrações espirituais ali existentes. A história da sua vida foi cercada de lendas e maravilhosas virtudes mágicas. Para o esoterismo, Apolônio de Tiana ainda hoje é uma figura simbólica significativa. Os escritos transmitidos e assinados por ele provavelmente são falsos.

Tanto a Igreja quanto a gnose ensinavam que existe uma dualidade entre Deus e o reino humano. A Igreja explicava essa polaridade como algo intransponível, se visto da perspectiva humana. Para que se pudesse estabelecer uma ligação, havia necessidade de um mediador, Jesus Cristo, ou a Igreja com seus sacramentos e suas obras de misericórdia. A gnose percorre outro caminho. Para ela, a polaridade é divino-humana, entendida várias vezes como a dualidade entre espírito e matéria, em nada intransponível; ao contrário, o homem, mediante o árduo esforço pessoal, pode estabelecer outra vez o contato, ou unir-se com a esfera divina. A Igreja ensina a salvação a partir de fora; a gnose indica o caminho da autossalvação ou, melhor dizendo, o caminho da autolibertação.

Os Celtas

Os grandes conflitos no círculo do decadente Império Romano terminaram com a vitória do cristianismo. Quando o bispo de Roma se apoderou das insígnias do imperador romano, ele também proclamou que a Igreja tinha a pretensão de ser a herdeira e guardiã de tudo o que o Império Romano personificava, tanto no âmbito mundial como no político e espiritual. Pelos quase mil anos seguintes, a Igreja nunca mais abriu mão desse controle espiritual.

Depois que Tomás de Aquino (1226-1274) organizou a estrutura ideológica para a teologia e os dogmas da Igreja com base na filosofia de Aristóteles, o esoterismo finalmente foi dominado, e qualquer tentativa de reerguê-lo estava desde o início destinada ao fracasso ou terminava numa catástrofe. Com isso, iniciou-se uma época que durou vários séculos e que, às vezes, é designada com o nome de "a sombria Idade Média".

Antes de falar sobre as tentativas que surgiram, quero falar algo sobre o extraordinário povo celta. Sua importância para o esoterismo ocidental no passado, na maioria das vezes, foi desvalorizada.

É provável que os celtas sejam originários do interior da Eurásia, de onde saíram dirigindo-se para o Oeste, a fim de morar na região situada a sudoeste da Alemanha e no cantão alemão da Suíça. Eles foram expulsos pelos povos germânicos para o outro lado do Reno, onde hoje fica a França, e ali estabeleceram cidades. Acabaram por apoderar-se das ilhas britânicas. Os celtas passaram pela história sem deixar documentos ou rastros. Pouco sabemos em essência sobre sua cultura e religião, e esse pouco está tão intensamente entrelaçado com a mitologia que não podemos esperar dele informações históricas exatas. Na Gália, os celtas foram derrotados por Júlio César e romanizados. No século V, eles chegaram às ilhas britânicas sob a pressão dos invasores anglo-saxões e conseguiram se instalar de certo modo no Ocidente, em Gales e na Irlanda. Minha hipótese pessoal é a de que, no oeste da Bretanha, os celtas se encontraram com os últimos remanescentes da cultura atlântida orientada para a magia, e se apoderaram deles.

Da religião celta restou, em essência, muito pouco, e esse pouco ainda está ligado aos costumes celtas, pois eles incorporaram em seus ritos e raciocínio religiosos as tradições ligadas aos lugares em que erigiam suas cidades. Os acontecimentos, entretanto, indicam que a mitologia celta, proveniente da Bretanha e da Irlanda, pode ainda nos transmitir muitas informações sobre tradições ainda mais antigas.

A entidade máxima do mundo céltico de deuses parece ter sido uma Deusa-Mãe tríplice, ou com três imagens, que tinha grande semelhança com a Hécate que nos vem dos antigos. A seu lado, e ao mesmo tempo hierarquicamente inferior, está uma divindade masculina com chifres, cujo nome era Cernunos. Talvez aí se vejam restos de um antigo culto ao Sol e à Lua dos atlantes.

Para nós, embora se trate de um ritual horrível, é interessante o que Robert Graves descreve em seu livro *A Deusa Branca*. Todos os anos, na época do solstício de verão, um rei simbólico era levado ao centro de um círculo de doze pedras dispostas ao redor de um carvalho. A esse carvalho era dada a forma de uma cruz-T. Em seguida, depois que esse rei era embriagado, ele era amarrado, chicoteado, em seguida castrado ou cegado, espetado num dardo envolto em visco e cortado em pedaços sobre o altar. O sangue derramado na ocasião era recolhido numa bandeja e espargido como se fosse uma dádiva sacramental sobre o povo ali reunido. Em seguida, todos os presentes comiam um pedaço do cadáver do rei!

Apesar da terrível e inimaginável crueldade que esse ritual tem para nós, homens modernos, ainda assim existe certa semelhança com a história da paixão de Jesus Cristo. Fica em aberto a questão sobre se a história da paixão de Cristo, tal como o ritual sacrificial celta, pertenceria a uma tradição ainda mais antiga. Além disso, chama-nos a atenção certa semelhança parcial entre a cultura e a religião celta e a hindu. A tríplice Deusa-Mãe traz características que encontramos, por exemplo, na deusa Káli, ou Durga. Também há afinidades entre certos rituais celtas e hindus, além de chamar a atenção a semelhança entre a palavra hindu "drawida", que significa "morador do país meridional", e a palavra "druida" usada para designar os sacerdotes celtas. Se essas semelhanças provêm de uma origem eurasiana comum ou se apareceram por outras vias, trata-se de uma pergunta que não pode ser definitivamente respondida.

Embora os celtas tivessem de fugir primeiro dos povos germânicos e depois dos romanos, no continente europeu, parece que sua tradição mágico-religiosa, como uma corrente subterrânea, continuou sendo mantida viva pelo povo. Fontes isoladas dessa corrente subterrânea tornaram a jorrar na Idade Média, na forma de magia popular, recebendo o nome de bruxaria.

Os Templários

Depois que terminou o duradouro e grave conflito entre a Igreja e a gnose, resolvendo-se a favor da Igreja, e depois que a gnose foi banida, isso não teve mais importância durante a metade restante do século para a história ocidental. As lutas históricas voltaram-se para temas bem diferentes. A Igreja, que com o bispo de Roma tomou conta do legado civil e político do Império Romano, precisou se impor sobre os detentores da força política da Europa, contra os imperadores e reis. Também nesse caso, a vitória foi da Igreja e, durante os séculos seguintes, não se conseguiu retomar o poder civil de suas mãos. Todos os imperadores se viram forçados a fazer acordos com a

Igreja, um estado de coisas que durou até a época da Reforma. No entanto provou-se que o espírito esotérico não pode ser destruído nem morto, sobrevivendo por muito tempo em segundo plano, pois foi intensamente cultivado. A prova desse fato encontra-se nitidamente visível no aparecimento dos templários e dos cátaros.

Esse renovado ressurgimento do esoterismo, historicamente comprovado, se relaciona de perto com as cruzadas. Com o aparecimento e desenvolvimento do Islã no Oriente Próximo, também as cidades sagradas da cristandade, como Jerusalém, caíram sob domínio islâmico. Esse fato foi tremendamente desagradável para o Ocidente cristão, visto que a Terra Santa continuava a ter um grande significado para os peregrinos. Foi assim que surgiu a ideia das cruzadas, cujo objetivo era a recuperação das cidades santas. Isso deu certo desde a primeira tentativa. No ano de 1099, elas foram reconquistadas por uma cruzada liderada por Godofredo de Bouillon, e depois que os chefes muçulmanos foram banidos, construiu-se em Jerusalém um reino cristão. O acesso às cidades sagradas ficou de novo livre para os peregrinos.

No entanto, podemos imaginar facilmente que, mesmo em circunstâncias favoráveis, não era nada fácil fazer uma peregrinação até Jerusalém. As vias de acesso eram precárias e muitas vezes perigosas. Portanto, foi preciso criar instituições que acompanhassem e protegessem os peregrinos em seu caminho rumo à Cidade Santa. Foi com essa missão que teve início a história da Ordem dos Cavaleiros do Templo.

Segundo fontes históricas, o "Exército Cavalheiresco Cristão do Templo de Salomão" foi criado pelo cavalheiro francês Hugo de Payen. Na companhia de oito seguidores, Hugo de

Payen procurou estabelecer contato com o rei Balduíno I, de Jerusalém, irmão mais velho de Godofredo de Bouillon. Ele falou ao rei de sua pretensão: tomar todas as medidas necessárias para proteger os caminhos e as vias de acesso à Cidade Santa.

Durante nove anos, Hugo de Payen viveu com os oito companheiros em Jerusalém sob proteção do rei sem, no entanto, fazer nenhum aparecimento público. Durante esse tempo é que devem ter sido criadas as bases que, posteriormente, ocasionaram a enorme eficiência política e social da ordem.

Existem duas teses para explicar o fato: na antiguidade, em oposição à Igreja cristã, o Islã era muito mais aberto à vida espiritual esotérica e gnóstica. O florescimento da cultura islâmica até o início da Idade Média, em última análise, se deve a isso. O que era reprimido no Ocidente e banido à clandestinidade, podia desenvolver-se livremente no Oriente. Portanto, é mais do que provável que os primeiros templários, durante esses nove anos, tomaram conhecimento do imenso cabedal de cultura esotérica e gnóstica como era ensinado no Oriente. Foi assim que a sabedoria e o espírito esotéricos se tornaram o alicerce dos templários, os quais na verdade, e ao menos para a época posterior, não podiam externar suas ideias, tendo de ocultá-las sob o manto do silêncio. Uma outra tese, mais especulativa, diz que Hugo de Payen e seus companheiros estabeleceram moradia num areal, onde antes ficava o Templo de Salomão, e que chegaram aos segredos do velho templo por meio de buscas arqueológicas sistemáticas; a partir daí, os templários foram considerados os guardiões e protetores dos segredos esotéricos. Seja como for, a atividade dos templários seguiu duas direções: uma exotérica e outra esotérica. A exotérica consistia na tarefa assumida de garantir segurança dos caminhos que levavam à Cidade Santa, enquanto a tarefa esotérica, presumivelmente, era a de guardar e proteger os segredos esotéricos, sem que se saiba detalhadamente como estes chegaram ao seu poder.

A liderança política dos cristãos no Oriente Próximo não teve longa duração. O Islã conseguiu reconquistar lentamente as áreas perdidas e, no ano de 1291, caiu a última fortaleza cristã na Cidade Santa. Os templários também não puderam evitar o curso dos acontecimentos. Talvez nem mesmo quisessem fazê-lo. Eles exerceram suas atividades por toda a Europa.

A estrutura exterior dos templários era a de uma ordem hierarquicamente organizada segundo um modelo cujo desenvolvimento podemos traçar passando por Pitágoras, pelos sacerdotes egípcios, sem excluir as influências orientais e as da Ásia Central. Toda a ordem submetia-se ao voto de sigilo absoluto, talvez por uma questão de segurança provocada pelo conflito que irrompera com as autoridades cristãs (como Ordem, a dos templários estava diretamente sujeita ao papa) e que posteriormente também contribuiu para a sua queda. Muitos fatos, talvez os mais importantes, nunca foram revelados pela história, o que sempre deu ensejo a novas especulações.

Também em seu campo de atividades europeias, principalmente na França, os templários eram tanto exotéricos como esotéricos. Como a proteção dos caminhos para a Cidade Santa havia sido mais ou menos destruída, os templários voltaram-se exotericamente para tarefas às quais hoje damos o nome de "serviço de assistência social". Torna a nos chamar a atenção o fato de os templários tirarem, por assim dizer "do nada", ideias e conceitos que somente em nossa época voltam a ser reconhecidos como missões. Por exemplo, eles fundaram e mantiveram, segundo o conceito atual, um serviço de atendimento médico muito eficiente que estava a serviço da comunidade. Eles deram à vida em sociedade feições totalmente novas, pois foram, por assim dizer, os "descobridores" do sistema bancário moderno, que se tornou um elemento essencial na prosperidade e no desenvolvimento social, numa época em que o poder estatal mal era capaz de proteger o comércio. Portanto, os templários devem ter sido os introdutores dos cheques bancários usados até os nossos dias.

Se observarmos a atividade dos templários no contexto de suas ligações, convencemo-nos, sem grande dificuldade, de que possuíam um conhecimento muito avançado para a época, e que isso lhes possibilitou estar no lugar certo na hora certa, a fim de deflagrar as ações apropriadas ao momento. O sucesso exterior foi grande e os templários conquistaram uma força social cada vez maior, isso para não dizer que conquistaram o poder dentro do Estado francês.

O cultivo e o desenvolvimento do conhecimento esotérico parecem ter sido a tarefa de uma ordem interna dentro da ordem externa. A esse círculo só podiam pertencer os membros escolhidos, os quais, por meio de rituais secretos – que há tempos vêm desafiando a imaginação dos historiadores –, obtinham sua filiação. O pouco que sabemos provém dos registros das confissões dos acusados e, portanto, foi obtido sob tortura e, consequentemente, está alterado; além disso, perdeu-se a conexão com o restante. Os templários foram acusados de venerar uma entidade secreta que tinha o estranho nome de Bafomet. Sobre o significado desse nome também surgiram várias teses. A mais provável é a de que esse Bafomet era associado ao diabo e a Satã, visto que Bafomet tinha a função, dentro do ritual, de ligar os templários com a esfera energética da matéria primordial. Em outras palavras, com o que na mitologia grega era simbolizado por Pã e, na mística oriental, pela força dormente da Kundalini. Afinal, conhecer e fazer ascender a Kundalini passo a passo parece ser a missão do verdadeiro esoterista.

Uma queixa bastante grave era de que os templários cuspiam no crucifixo, além de pisoteá-lo em seus ritos de admissão à ordem. Também nesse caso trata-se de especulação.

Acho mais provável que, por meio desse ritual, caso executado da maneira descrita, expressava-se um antigo conhecimento gnóstico de que não era necessário nenhum intermediário entre as esferas terreno-material (Bafomet) e a esfera divina. A esse respeito, também é notória a postura dos gnósticos cátaros, que recusavam a adoração da cruz de Cristo como um instrumento e objeto de tortura.

Como acontecera com a Ordem Pitagórica, o desenvolvimento e o estabelecimento de uma instituição dentro da própria instituição do Estado, que se furtou ao seu controle e influência devido ao mandamento obrigatório do sigilo, não pôde a longo prazo dar-se bem.

Portanto, não demorou muito tempo para que os representantes do poder constituído, o rei e o papa, se sentissem ameaçados pelos templários, e tratassem de eliminá-los. A derrota das Ordens dos Templários foi planejada com todas as minúcias pelo rei e pelo papa. Depois de intensos preparativos, ao amanhecer do dia 13 de outubro de 1307, todos os templários da França deviam ser presos e suas sedes e propriedades confiscadas.

É provável que esse golpe tivesse dois objetivos: por um lado, as enormes riquezas das ordens deviam passar para a posse do rei com os menores danos possíveis e, por outro, visava-se obter à força o acesso aos segredos esotéricos das ordens. Nenhum dos objetivos foi alcançado. Pode-se ter como certo que os templários já estavam informados há tempos sobre o que se planejava fazer. Diante dessa ameaça, mostraram um comportamento exemplarmente heroico. Em vez de salvar a vida renegando pertencer à ordem, escolheram o caminho oposto. Diante da ameaça de morte, continuaram a viver como se não soubessem de nada e, em segredo, tomaram as providências visando salvar tudo o que não caísse nas mãos dos inimigos. Fizeram isso com tanta perfeição que até hoje nada foi encontrado.

Quando deram o golpe, o rei e sua soldadesca somente conseguiram aprisionar pessoas que, na maioria, não romperam seu voto de manter segredo nem sob as mais terríveis torturas. Aconteceu o que tinha de acontecer. Os templários foram processados; das acusações constavam heresia, difamação de Deus, além da acusação de idolatria e de conspurcação da cruz de Cristo (Bafomet); além disso, acusaram-nos de práticas sexuais contra a natureza. Essa acusação poderia indicar que, ao menos na ordem interior, houvessem sido usadas práticas tântrico-mágicas. Caso esse tivesse sido o caso, comprovar-se-ia mais uma vez que, sempre que uma ordem esotericamente orientada recorria a práticas de cunho mágico-sexual, as forças que as sustentavam inevitavelmente se retraíam e as ordens ou eram destruídas ou perdiam sua razão de ser. Isso repetiu-se várias vezes, como ainda veremos, no século XIX. Por toda a França ardiam as fogueiras de execução e, em março de 1314, Jacques de Molay, Grão-Mestre da Ordem, foi queimado vivo com seus ajudantes mais chegados.

Alguns dos templários conseguiram fugir para a Inglaterra, onde a ordem conseguiu viver secretamente por mais alguns séculos. Hoje existem, na Escócia, algumas facções da Francomaçonaria que derivam da Ordem dos Templários. Se de fato a

Ordem tivesse continuado a viver clandestinamente na Inglaterra, isso por certo teria seu significado para o renascimento do esoterismo na Inglaterra, no século XIX. Alguns fenômenos desse renascimento são explicados desse modo. Com a execução dos templários, a Ordem foi destruída e, com ela, tudo o que havia conseguido até então para a cultura francesa da época. Restaram suposições e fantasias e também as celas das prisões onde os principais dirigentes da Ordem aguardaram a conclusão de seus processos e sua execução. As paredes dessas celas estão repletas de rabiscos, de símbolos secretos e de desenhos, como se, no seu desespero, seus ocupantes tivessem tentado deixar às gerações posteriores algo compreensível da mensagem esotérica da "Ordem do Templo de Salomão". Esses símbolos e desenhos até hoje, pelo que sei, não foram decifrados.

Os Cátaros

Quase ao mesmo tempo em que a Ordem dos Templários era destruída, travava-se no sul da França uma outra batalha destrutiva contra uma comunidade religiosa, na qual também vinham à tona resquícios de uma espiritualidade gnóstica. Os membros dessa comunidade eram conhecidos pelo nome de cátaros (do grego: *katharos*, "puro"), e se destacavam por um estilo rígido de pensamento e de vida. A visão dos cátaros demonstrava ser nitidamente dualista.

Os cátaros reverenciavam um Deus bondoso da Luz, que era o guardião de todos os mundos invisíveis e dos seres divinos. Opondo-se a ele, existia um Deus das Trevas, como o guardião primordial dos elementos materiais, do mundo visível e, principalmente, do mal. Isso levava a uma divisão entre o bem e o mal, levava a dois mundos, entre os quais não podia haver ligação possível, onde só havia uma opção: ou um ou outro. Nessa intensa dualidade, que não permitia qualquer relacionamento entre os dois polos, houve um desenvolvimento degenerativo da lei da polaridade, pois a troca de energia entre esses dois polos não só é possível como até necessária. Esse pensamento dualista levou ao estabelecimento de regras rigorosas, regras desproporcionais para a prática. Por esse motivo, os cátaros recusavam tanto os prazeres da boa mesa como da sexualidade.

Como essas visões ideológicas na vida cotidiana não podem ser praticadas nem mantidas, os cátaros deram motivos para o conceito bastante estranho e duvidoso da prática da ascese. O dualismo absoluto dos cátaros exigia uma decisão unilateral. Só quem tomasse essa decisão, arcando com todas as consequências práticas, podia conquistar a salvação. Como as exigências ligadas a essa decisão dificilmente poderiam ser cumpridas, os cátaros esperavam até que a morte estivesse próxima para então se decidir. Essa decisão era completada por uma espécie de ritual de "imposição das mãos". Para não caírem outra vez nas garras do mal, era necessário morrer tão depressa quanto possível depois desse ritual. Muitas vezes, a morte acontecia de maneira espontânea, mas na maioria dos casos era provocada pela supressão da alimentação. A bem da verdade, é preciso mencionar que muitos historiadores acham que, devido a esse sofrimento, morreram mais cátaros do que devido às posteriores perseguições da Igreja.

Eles admitiam uma versão especial da reencarnação: a alma humana sempre renascia num corpo humano até encontrar o corpo de um cátaro, no qual podia, afinal, obter a salvação. Eles conferiam ao mal a autoridade máxima como representante do mundo visível e não davam nenhuma importância à Igreja como uma intermediária do bem. Só esses conceitos bastaram para despertar a ira dos guardiães do antigo pensamento cristão romano. Numa batalha sangrenta, conhecida na história como as Guerras dos Albigenses (1209-1229), os cátaros foram praticamente dizimados.

Parece também ter sido provado que entre os templários e os cátaros havia certas ligações, embora exteriormente estivessem separados. Ao menos parece ter havido simpatia mútua entre eles.

O Graal

Ao mesmo tempo em que aconteciam os grandes conflitos com os templários e os cátaros, transcrevia-se em forma literária o mito do Graal, tão importante para o esoterismo ocidental e que conhecemos até hoje. O Graal e todo o mistério que o cerca desde então estimulam a fantasia dos europeus e muitas tentativas foram executadas visando entender e interpretar esse mistério esotérico. A interpretação mais conhecida, sem dúvida, é o drama musical *Parsifal* de Richard Wagner, composto em fins do século XIX, portanto, numa época muito importante para a história do esoterismo.

As histórias e narrativas do Graal nos são transmitidas por meio de duas tradições, uma das quais provém da cultura anglo-saxônica, e que também inclui fortes influências célticas. Nesta, o rei Artur e os cavaleiros da sua távola são o ponto central: e, com um exame mais detalhado, podemos descobrir aí rapidamente a semelhança com Jesus e seus doze apóstolos.

Na outra tradição, como a lenda foi narrada por Chrétien de Troyes e, depois, sobretudo por Wolfram von Eschenbach, aparece em destaque, no primeiro plano, a figura do cavaleiro Parsifal. Na tradição anglo-saxônica, o Graal é a taça na qual, na última ceia, Jesus bebeu com seus apóstolos e na qual, posteriormente, foi recolhido seu sangue no Gólgota, sangue que fluía da chaga aberta no seu flanco pela lança de um soldado. Diz-se que José de Arimateia, que cedeu o túmulo a Jesus, guardou essa taça, para em seguida levá-la consigo numa viagem marítima que o transportou até a costa ocidental da Inglaterra.

Para Wolfram von Eschenbach, o Graal é uma pedra. Os anjos trouxeram-na para a Terra, confiando-a aos "moradores do templo", que eram representados por uma comunidade de cavaleiros escolhidos e que viviam com seu rei num castelo feudal, semelhante a um templo. Esses cavaleiros ficaram a serviço do Graal e dele obtinham força para cumprir sua difícil missão neste mundo. Por vezes aparecia uma inscrição no Graal, revelando em que parte do mundo havia dificuldades que precisavam de atendimento. Nesse caso, um ou mais cavaleiros saíam a fim de cumprir seu dever e prestar auxílio onde era necessário. Da maior importância era o segredo que envolvia essa missão, pois ninguém deveria saber a origem dos cavaleiros e nem que estes eram enviados do Graal. "Se os reconhecerdes, terão de afastar-se de vós", diz Richard Wagner em *Lohengrin*. Ninguém conseguia achar o caminho para o castelo do Graal, a não ser que tivesse sido escolhido e chamado para ficar a seu serviço. Muitos nobres cavaleiros saíram em busca do Graal; depois de muito esforço e de correr vários perigos, eles às vezes conseguiam encontrá-lo, embora nem sempre. Parsifal encontrou facilmente o acesso ao castelo do Graal e de modo não intencional. Mas, como se comportou ingenuamente e não ousou agir por iniciativa e responsabilidade própria, foi mandado embora do castelo. Só depois de uma longa viagem às cegas e de passar por numerosas experiências amargas, que provocaram o seu amadurecimento, foi levado outra vez aos cavaleiros do Graal, dessa vez para tornar-se o seu rei.

À primeira vista, dá para reconhecer que aqui é trazido à baila o velho tema das ordens esotéricas, vistas de uma perspectiva cavaleiresca, da corte, que também permite várias associações com os templários. Há um ponto comum em todas as tradições: o Graal é revelado em caso de necessidade e de fraqueza. Em Wolfram von Eschenbach, o velho rei do Graal sofre de uma ferida incurável que lhe provoca dores insuportáveis e o impede de exercer o seu cargo. Mas se houver um sucessor digno (nesse caso, Parsifal), a força do Graal pode desenvolver-se outra vez.

Na história anglo-saxônica do mito, o rei Artur falha na sua tarefa de unir e pacificar o seu reino, visto que ele e seus cavaleiros estão sujeitos às fraquezas humanas. Às portas da morte, o rei manda jogar a espada Excalibur nas águas do mar, das quais talvez em época posterior ela volte à tona; isso aconteceria numa época em que houvesse homens adequados, que pudessem fazer aquilo que tinha de ser feito, e assim Artur é levado de barco a Avalon (Atlântida?).

Numa terceira versão, menos conhecida, os enfraquecidos cavaleiros do Graal e seu rei doente são levados por anjos, através dos ares com castelo e tudo, para a Índia, de onde na época oportuna o Graal tornará a irradiar sua força renovadora.

É bastante evidente que o mito do Graal oculta o conhecimento esotérico que até os dias de hoje ainda não foi total e plenamente decifrado. Acredito que podemos partir do ponto de vista de que o mito do Graal não é assim tão simples, mas que por trás dele existe uma vontade que determina a sua direção. Até parece que, diante da catástrofe que iria atingir os templários e os cátaros, o conhecimento e os segredos esotéricos tinham de ser congelados, hibernando pelos próximos séculos, até chegar o momento oportuno quando a humanidade estivesse madura para lidar outra vez com esses segredos.

O Renascimento

Com a destruição da Ordem dos Templários e o término vitorioso das Guerras dos Albigenses, a Igreja renovou-se, alcançando seu objetivo de impor seus pontos de vista, tanto no sentido terreno como no espiritual. A vida ocidental estava sob controle, no que se referia a sua estruturação social e cultural. No entanto, não foi possível eliminar completamente o pensamento esotérico. Isso já não era tão urgente, visto que o papado estava firmemente estabelecido e essa instituição já não era mais posta em dúvida por ninguém que pudesse, de algum modo, representar um perigo. Assim sendo, era possível afrouxar um pouco as rédeas. O principal parecia ser o fato de que o conhecimento esotérico se introduzia por caminhos colaterais em toda à estrutura da Igreja. Portanto, não é de causar admiração que duas personalidades de renome, que se dedicavam à pesquisa e à transmissão do esoterismo nessa época, fossem dois homens ligados à Igreja: Alberto Magno e Roger Bacon.

Alberto Magno (1193-1280) foi um religioso de renome e posteriormente declarado santo. O cultivo do esoterismo parecia ser para ele uma ocupação paralela, algo a que hoje chamaríamos de *hobby*. O significado espiritual e histórico de Alberto Magno está em outras funções, entre elas a de professor de Tomás de Aquino, grande filósofo da Igreja na Idade Média.

Roger Bacon (1214-1294) era franciscano; ele nunca pôs a autoridade da Igreja em dúvida. Mas, assim como Alberto Magno, não era só um pensador, mas tinha também um espírito de pesquisador. Dele é a frase: "Sem experiência, o homem não pode saber nada." Numa época em que tudo e todas as coisas se fundamentavam nos escritos dos padres da Igreja, ele pertencia àqueles que tinham uma visão aberta aos acontecimentos que ocorriam na natureza viva. Devido a sua observação da natureza, ele reconheceu que certos fatos eram possíveis e realizáveis, coisas que só puderam ser concretizadas agora, na nossa época tecnológica.

O século XIII foi também uma época em que, na Europa, surgiu um jogo denominado Naibbe, contra o qual a autoridade da Igreja logo se insurgiu. Podemos ter a certeza de que se tratava do tarô (ver página 180 e seguintes) que possivelmente havia sido trazido pelos ciganos que apareceram na mesma época na Europa, vindos do Extremo Oriente, de onde partiam para longas viagens. Tal como a lenda do Graal, também o tarô foi um dos meios para transmitir o conhecimento esotérico. Trata-se de um arquivo constituído de imagens arquetípicas em que está contido todo esse conhecimento. Mas, como o tarô estava em moda na forma de um jogo de cartas, as autoridades nada puderam fazer contra ele. Contudo, o sentido real das cartas do tarô foi muito bem compreendido e isso pode ser evidenciado pelo fato de sempre se tornar a atribuí-las aos cátaros, os quais teriam reunido nas cartas todo o seu conhecimento, acessível somente aos iniciados.

Por volta dos fins do século XV, espalhou-se por toda a Europa, proveniente da Itália, um novo movimento espiritual, hoje conhecido pelo nome de Renascença. Renascença significa renascimento, não no sentido do ensinamento esotérico da reencarnação, mas como redescobrimento do mundo intelectual antigo e como tentativa de despertá-lo à vida naquele momento.

Historicamente, isso se fez com a conquista do antigo império bizantino, isto é, do império oriental de Roma pelos maometanos. Os sábios e filósofos bizantinos fugiram para a Europa ocidental antes da guerra do Islã, e trouxeram para as pessoas um novo contato com a essência do pensamento dos gregos.

A satisfação foi grande. Por toda a Europa procurava-se em bibliotecas e mosteiros pelas coleções dos esquecidos tesouros da antiguidade. A família Medici, de Florença, se destacou principalmente nesse mister, financiando verdadeiros caçadores de livros, que não hesitavam em procurar nos mais remotos mosteiros, esperançosos de deparar com algum manuscrito esquecido, talvez ainda intacto.

Os Medici reuniram em Florença um grupo dos mais brilhantes sábios da Europa daquele tempo, os quais se dedicavam à avaliação dos tesouros literários encontrados e à sua tradução. Platão foi traduzido e comentado e, sobretudo, cultivado pelos neoplatônicos. Também os assim chamados escritos herméticos – livros atribuídos a Hermes Trismegisto –, foram redescobertos e, com eles, o espírito e o ensinamento esotéricos. Hoje, sabemos que esses escritos herméticos não são de autoria de Hermes Trismegisto, mas de autores do século I. Na antiguidade, porém, era comum que se atribuísse um livro a um autor, desde que tal livro tivesse de certo modo um estilo semelhante ao do suposto autor.

O mesmo espírito, a orientação na procura das fontes, a origem presumível, também representaram um impulso que levou à Reforma da Igreja. Os reformadores, entre eles contemporâneos da Renascença, não confiavam mais na instituição da Igreja, mas somente na palavra, naquilo que estivesse escrito. Era como se, depois de um longo período, se abrissem as janelas de um aposento escuro e mofado a fim de permitir a entrada da luz natural e do ar puro. Também a ciência começou a se concentrar cada vez mais na observação direta dos fenômenos da natureza, afastando-se do caminho filosófico. Assim foi percorrido às claras um caminho que, no século anterior, havia sido trilhado por Alberto Magno e por Roger Bacon. Com isso, tornou-se inevitável que o esotérico-mágico encontrasse, cada vez mais, acesso ao pensamento público. Essa tendência ficou visível principalmente com o aparecimento de uma personalidade que é representativa para o esoterismo de todas as épocas.

Paracelso

Paracelso (1493-1541), também conhecido com o nome de Theophrastus Bombastus von Hohenheim, foi um homem que como nenhum outro personificou o esoterismo daquela época. Ele se destacou da ciência natural do Renascimento – na qual cada vez mais se notava uma especialização – pela ênfase que deu à tonalidade do pensamento. Ele era também um atento observador da natureza, à qual atribuía a maior autoridade.

Embora personificasse o espírito do final da Idade Média enfatizando a sua totalidade e a sua unidade, ele se destacou pela crítica saudável feita à ciência da época anterior.

Seu mestre foi a natureza, que ele considerava perfeita, por trabalhar de acordo com um grande plano divino. Assim como a natureza e Deus formam uma unidade, assim também os homens constituem uma unidade de corpo e alma. Quando o ser humano age contra essa unidade e destrói seu equilíbrio, surge a doença. Um pensamento totalmente moderno, cujo acerto a medicina atual reconhece cada vez mais. Como as forças divinas estivessem contidas na natureza, Paracelso achava sumamente importante reconhecer essa totalidade cósmica da natureza. Os métodos para ajudar nesse reconhecimento estavam em diversas disciplinas esotéricas, como a astrologia, a alquimia, e coisas afins. Literalmente, os astros podem ser um modelo para os homens, um símbolo das energias divinas contidas na natureza.

A lógica, porém, não é a derradeira conquista da sabedoria. Existe uma verdade divina, que está além da lógica e que só pode ser decifrada pelo misticismo. Como o homem faz parte da natureza, Deus lhe deu todas as forças que lhe possibilitam viver dentro dessa natureza e em uníssono com o cosmos. Quando o homem aprende a reconhecer as forças que atuam no cosmos e aprende a viver de acordo com elas, ele também reconhece as forças que atuam nele mesmo, e vice-versa. Quando o próprio homem sente que faz parte dessa totalidade cósmica, ele compreende que a natureza é divina.

Podemos ver que Paracelso, à sua maneira, se ateve à antiga lei hermética: "O que está em cima é igual ao que está embaixo." O modo descontraído com que observou a natureza fez com que afirmasse coisas que mal cabem na imagem que hoje temos dele como um sábio sensato. Ele afirmou a existência de seres elementais, confirmou a possibilidade de os alquimistas criarem ouro. Viu que o verdadeiro valor da alquimia estava mais na dignificação e no aprimoramento da alma humana do que na criação de bens materiais.

Ele tinha uma profunda desconfiança da medicina científica da sua época e da tradição em que ela se baseava. Paracelso levava muito a sério a tradição das artes de cura populares e dava mais valor a seus métodos simples do que às complicadas misturas químicas dos farmacêuticos e doutos professores. Seu sucesso como curador deu-lhe razão. Paracelso pode ser considerado o fundador da psicossomática, que observa o íntimo relacionamento entre o corpo e a alma nos fenômenos da doença. Sim, é possível até que Paracelso tenha feito, antes de Freud, a descoberta de que o ser humano é um todo, composto não só de um ser carnal, consciente, mas também de um ser espiritual, inconsciente.

Como tantos esoteristas, Paracelso tinha um caráter pessoal difícil, e isso o levou a ter uma vida repleta de brigas e de contendas. De nada adiantou ter recebido uma cadeira para ensinar medicina na cidade de Basileia. Ao que parece, Paracelso teve morte violenta, por assassinato, em Salzburgo.

Por muito tempo, Paracelso foi considerado um louco, e somente hoje, ao irromper a Era de Aquário, é que reconhecemos o modernismo e o significado científico desse médico e esoterista extraordinário.

Os Rosa-Cruzes

Em 1614 surgiu um escrito anônimo sob o título de *Reforma geral e comum de todo o amplo mundo, a Fama Fraternitatis*, com um subtítulo, "Mensagem da Irmandade da altamente digna de louvor Ordem de Rosa-Cruz a todos os sábios e líderes da Europa". A parte essencial desse livreto era a narrativa sobre o seu fundador, Rosencreutz. Nela se contava como Christianus Rosencreutz viajou para o Oriente Próximo quando tinha 16 anos, visitou a Cidade Santa, a Turquia e a Arábia, onde se iniciou nos ensinamentos herméticos. Ele escreveu o que aprendeu no livro *"M"*. Acatando o conselho de um mestre árabe, foi para a cidade de Fez, no Marrocos, que naquela época era um centro de aprendizado e da cultura islâmica. Nesse lugar, depois de feito o voto de manter segredo, foram-lhe transmitidos os conhecimentos secretos mais elevados. O cerne desses conhecimentos consistia na concordância e na harmonia entre o ser humano e o cosmos. Tudo o que o homem realiza e fala, seu estado de alma e seu estado físico, têm de estar em harmonia com o grande cosmos. Detentor desse conhecimento esotérico, Christianus Rosencreutz voltou à Europa, com a finalidade de tornar acessível ao Ocidente o que aprendera no Oriente, na esperança de que o estado de coisas existente pudesse ser mudado e melhorado.

Mas logo teve de reconhecer que esse tempo ainda não havia chegado. Apenas umas poucas pessoas parecem ter apreciado o valor daquilo que Christianus Rosencreutz havia trazido do Oriente. Paracelso leu o livro *M* e mostrou-se encantado com a sua leitura. Rosencreutz voltou à Alemanha, onde se recolheu a sua casa a fim de dedicar-se unicamente aos estudos. Segundo se conta, ele era possuidor de uma pedra filosofal, isto é, era capaz de fabricar o ouro; seja como for, ele não fez uso desse conhecimento, visto que não precisava de tesouros materiais. Rosencreutz adotou três discípulos e ensinou-lhes tudo o que havia aprendido no Oriente, dando-lhes a incumbência de transmitir esses ensinamentos aos membros de uma ordem secreta que deveria ser fundada no devido tempo.

Posteriormente, o número de discípulos aumentou para oito, que deram a si mesmos, de comum acordo, as seguintes regras para a ordem: os membros tinham de fazer uso de suas aptidões, na cura de doentes, sem receber paga por isso. Em todo lugar em que se instalassem, deveriam usar os trajes da região, bem como acatar suas leis e costumes, ou seja, não deveriam chamar a atenção, nada deveria destacá-los como pessoas extraordinárias. Uma vez por ano, os membros da irmandade tinham de encontrar-se. Cada um dos membros tinha a obrigação de escolher para si mesmo um sucessor. Os irmãos deveriam dar-se a conhecer entre si por meio do sinal R.C. A ordem deveria trabalhar em segredo durante um século e, depois, voltar à vida exterior.

Os irmãos viajaram por muitos países, onde se fizeram notar pelas suas boas obras. No ano de 1484, Christianus Rosencreutz morreu com a idade de 106 anos e foi enterrado num lugar secreto. Durante cento e vinte anos a Fraternidade dos Rosa-Cruzes agiu em sigilo; então, por um acaso, o túmulo de Christianus Rosencreutz foi descoberto, e nele os irmãos encontraram símbolos e figuras, bem como escritos de Rosencreutz. O cadáver havia sido conservado intacto. Os irmãos retiraram os escritos do santuário, divulgaram-nos, tornaram a lacrar o túmulo e continuaram com suas atividades. O livrinho se encerra com um chamado para que todas as pessoas dignas se filiem à fraternidade rosa-cruz.

Esse livreto sobre os rosa-cruzes, ao qual logo se seguiu um segundo, chamou muita atenção na Europa. Muitos se puseram a caminho no intuito de descobrir a irmandade secreta a fim de se tornarem seus membros, mas sem sucesso. Como organização, os rosa-cruzes continuaram ocultos, e chega-se a questionar se de fato havia uma organização na forma de uma comunidade ou de uma ordem. Mas suas ideias, ao contrário, tornaram-se motivo de constantes rixas entre os sábios da Europa.

O tema central dos rosa-cruzes era a reforma geral do mundo. A ideia da Reforma, que no âmbito da Igreja começou com Lutero e seus seguidores, mas que depois ficou atolada no pântano das instituições, teria de ser reavivada e difundida. Agora não se tratava mais de reformar a Igreja, mas na verdade, segundo princípios esotéricos, de reformar o mundo. O segundo plano espiritual e histórico era formado pela ânsia de construir uma nova imagem mundial global, que abrisse um novo horizonte oposto ao horizonte estreito da Idade Média e que incluísse as novas descobertas e conhecimentos científicos. Os rosa-cruzes assumiam a posição de continuadores das ideias reformistas de Martinho Lutero e consideravam como oponentes os que fossem contra a Reforma.

O terceiro texto rosacruciano, provavelmente hoje o mais conhecido, foi *As núpcias químicas*, supostamente escrito pelo filho de um pastor e teólogo luterano, Johann Valentin Andreä (1586-1654). Andreä, cujo pai era um pastor luterano que tinha por *hobby* a alquimia, era um sábio brilhante que publicou vários textos científicos, dominava cinco línguas e, na sua juventude, visitou vários países europeus. Mal dá para deixar de perceber os paralelos com a vida de Christianus Rosencreutz. Ele entrou na vida pública com o cargo de pregador da corte de Wurttemberg mas, devido a uma doença e por causa de intrigas de todos os tipos, teve de renunciar a essa posição. O fim de sua vida foi caracterizado pela amargura, pela doença e pelo afastamento dos ideais rosacrucianos. O romance *As núpcias químicas* é uma alegoria alquimista no estilo barroco, sobre cujo conteúdo repleto de interessante e farto simbolismo, embora descomplicado, não podemos nos deter aqui.

Como já mencionei, é questionável se os rosa-cruzes teriam de fato formado uma organização, uma ordem. O rosacrucianismo era, de fato, uma ideia que conscientemente renunciava a uma organização visível; no entanto, se examinarmos detalhadamente "as regras da ordem" dos rosa-cruzes, logo descobriremos que todos os princípios nelas contidos podem ser mais ou menos concretizados na vida do dia a dia de cada membro isoladamente. Para traduzir esses princípios de vida em ação não é necessária uma ordem, nem uma organização estruturada. Mas, naquela ocasião provavelmente não se percebia esse fato, e a tensa busca por uma manifestação concreta e visível dos rosa-cruzes fez com que a satisfação inicial tornasse a arrefecer, de tal modo que o espírito rosacruciano tornou a passar para segundo plano. A perturbação causada pela Guerra dos Trinta Anos que irrompeu na Europa deve ter tido algo a ver com isso também. Apesar de tudo, os rosa-cruzes nunca foram esquecidos e no século XIX, que sob muitos pontos de vista trouxe consigo um renascimento do esoterismo, exerceram uma notável influência. Assim sendo, entre outras, a ordem dos rosa-cruzes também esteve entre os padrinhos da fundação da Ordem da "Aurora Dourada" que foi tão importante para o esoterismo do século XX (ver página 126 e seguintes).

O Século XVIII

Atualmente, o século XVIII é citado na história como a idade do esclarecimento e da razão. O que nos foi deixado pela Renascença como herança intelectual floresceu na Idade Média com o surgimento de uma nova consciência e deu frutos no século XVIII. A posição de poderio espiritual da Igreja, que por tanto tempo impregnou a vida na Europa, fora interrompida e abriu-se caminho para novos pensamentos e conhecimentos que se basearam totalmente na razão e na observação da natureza.

Quando uma época cultiva a sensatez dos pensamentos, a lógica e a capacidade de conhecimento no sentido humano como critérios superiores, então podemos deduzir que isso significa um obstáculo ou uma atitude hostil para com o esoterismo. Na verdade, o que ocorreu foi justamente o contrário. Nessa época de racionalismo, lidava-se entusiasticamente com retortas alquímicas, com sessões de espiritismo e com a aparição de fantasmas. Procurava-se divulgar os mistérios da cabala e, por toda parte, surgiram lojas secretas e ligações. Cada uma delas dizia ser a dona exclusiva da pedra filosofal. Os representantes desse outro lado da era da "sensatez" constituíam um barulhento grupo de aventureiros esoteristas que viajavam por toda a Europa em diligências velozes, da Rússia para a Itália, de corte em corte e de cidade em cidade, a fim de doutrinar à sua maneira as pessoas entediadas que encontravam nos lugares visitados. Era como se o esoterismo tivesse se tornado um jogo de salão para os príncipes e nobres que sofriam de tédio crônico.

Numa observação mais atenta das imagens desse século XVIII, é muito difícil estabelecer os limites exatos entre o charlatanismo e o genuíno conhecimento e sabedoria. De resto, existe um fato que também nos dará trabalho no exame do esoterismo no século XIX: é que, no esoterismo, a verdade e a mentira, a autenticidade e a fraude às vezes estão tão intimamente próximas umas das outras que fica difícil distingui-las para alguém que não tenha a visão treinada.

Indubitavelmente, havia charlatães no século XVIII que nada mais queriam ou podiam fazer senão cozinhar "sua sopa no fogo da tolice humana". Mas também houve personalidades que, de alguma maneira, estavam em contato com o conhecimento e o esoterismo autênticos e que, apesar disso, não conseguiram escapar ao fascínio da corte de Versalhes, o "sol" em torno da qual tudo girava naquela época. Isso as levou, também do ponto de vista atual, para a penumbra e fizeram-se tantas suposições a respeito e foram escritos tantos textos, a favor ou contra, que hoje é quase impossível verificar o que era real. Se o verdadeiro segredo é um dos sinais do esoterismo, então, ao menos no século

XVIII, esse segredo obteve um brilho luminoso. Vamos analisar três personalidades, cada uma típica de sua época.

O médico Franz Anton Mesmer nasceu em 1734. Primeiro, estudou teologia durante dez anos para depois voltar-se para a medicina. Ao que parece, logo cedo dedicou-se ao esoterismo, pois sua tese de doutorado versou sobre um tema astrológico. Entre os antepassados espirituais de Mesmer está Paracelso. Além disso, ele parece ter sido influenciado também pelo rosa-crucianismo.

Mesmer estabeleceu a tese de que todo o universo era impregnado por uma energia até então não identificada, a qual ele denominou magnetismo. Além disso, afirmou que todas as doenças são consequência de um desequilíbrio dessas energias, ou seja, que uma pessoa doente possui as energias em estado desarmônico. O doente pode ser curado se esse equilíbrio for restabelecido. Para tanto, é necessário que essa força desconhecida, misteriosa, seja introduzida no corpo da pessoa doente. Isso pode ser feito por intermédio de um magnetizador que possa captar essa energia cósmica como se fosse uma antena, deixando-a fluir pelo seu corpo, para então transferi-la para a pessoa doente. Mesmer, portanto, já defendia o que hoje é conhecido sob o conceito de "cura espiritual".

Como Mesmer conseguiu demonstrar logo em seguida uma série de resultados de cura espetaculares, era mais do que natural que atraísse a inimizade dos médicos ortodoxos, cujos meios mais tradicionais de terapia consistiam, em pleno século XVIII, na aplicação de clisteres e na sangria. Estes se sentiram ameaçados por Mesmer. Esse constante conflito com a Escola de Medicina perturbou a vida de Mesmer, que foi acusado de charlatanismo. Do ponto de vista esotérico, Mesmer tinha sem dúvida o conhecimento correto, mas como ele o tornou público precocemente, sem o suficiente fundamento científico e de um modo nem sempre apropriado, em última análise lhe foi negado o êxito e ele recebeu a fama de charlatão. Somente hoje suas teses voltaram a ser aceitas e utilizadas com sucesso, embora com outro nome.

O tipo dos viajantes aventureiros herméticos e ocultistas do século XVIII foi muito bem personificado por Giuseppe Balsamo, que também tinha o nome de Conde Cagliostro. Balsamo nasceu em 1743, em Palermo, e sua vida foi bastante agitada. Em suas viagens através da Europa ele fundou, junto com sua esposa, Lorenza Feliciani, inúmeras lojas secretas nas quais eram celebrados os mistérios que representava. Hoje já não há mais dúvidas de que Balsamo usava de fraudes e de pequenas mentiras. Mas, também é evidente que havia uma tendência para a verdadeira tradição. Os ritos celebrados nas lojas por ele criadas seguiam a tradição de Hermes Trismegisto e também as da antiga tradição egípcia.

Para valorizarmos corretamente o fato, precisamos saber que nos tempos de Balsamo a escrita hieroglífica ainda não havia sido decifrada e que, portanto, o conhecimento acerca da cultura egípcia e de tudo o que se relacionasse com ela era repleto de lacunas. O magnetismo pessoal de Balsamo era tão grande que ele conseguia fascinar pessoas de todas as posições sociais. Até mesmo personagens que representavam um papel relevante na vida intelectual do século XVIII se impressionaram com ele como, por exemplo, Lavater, que com ele se correspondia, e Goethe, que escreveu um drama a seu respeito, *Der Grosse Kophta*.

Cagliostro também tinha fama de ser vidente e profeta, o que se deve não tanto às suas forças mágicas mas muito mais à sua capacidade de sensibilidade psicológica e à sua elevada inteligência. Ele tinha a amizade de muitas pessoas importantes da sua época, e conhecia várias outras, inclusive o cardeal Rohan. Quando o cardeal foi profundamente envolvido no caso do colar, que entre outras coisas, deu origem à queda da monarquia francesa, Balsamo também começou a decair. Ele retirou-se para sua terra natal, a Itália, e foi preso em Roma pela Inquisição em 1795, morrendo na prisão.

Contudo, nessa época, a figura mais secreta de todas é, de longe e sem dúvida, o Conde de Saint-Germain*. Dele não se conhece nem a data de nascimento nem a data da morte, e o enigma de onde teria vindo e para onde ia nunca foi resolvido a contento. Há numerosas lendas a seu respeito. Diz-se que falava várias línguas, entre elas o árabe sânscrito. Possuía profundos conhecimentos de ocultismo, principalmente de alquimia. No relato de seus contemporâneos, deparamos com a menção da sua intemporalidade. Num período de anos, várias pessoas do século XVIII mencionaram um encontro com ele, e todas afirmavam que sua idade devia oscilar entre 40 e 50 anos. Ele era a pessoa de confiança de Luís XV, bem como de Luís XVI e de sua esposa, Maria Antonieta. Diz-se que viajou para terras distantes, não só na Europa, mas também para países do Oriente. Conta-se que foi visto na China, bem como na Índia. Segundo os teosofistas (ver página 184 e seguintes) Saint-Germain foi uma personificação do Mestre do Sétimo Raio.

O Ano de 1875

Na história do esoterismo mais moderno, o ano de 1875 tem uma importância extraordinária. Todos os desenvolvimentos impor-

---

* *O Conde de Saint-Germain*, publicado pela Editora Pensamento, São Paulo.

tantes e impulsos do esoterismo do século XIX apontavam para esse ano. Ele tornou-se o ponto de partida das correntes esotéricas, que exercem sua influência aprofundando-se pelo século XX. 1875 foi o ano da morte de Eliphas Lévi e, ao mesmo tempo, o ano em que C. G. Jung e Aleister Crowley nasceram, bem como o ano em que Helena Blavatsky fundou sua "Sociedade Teosófica". Cada uma das personalidades aqui mencionadas influenciou profundamente os cem anos seguintes, no que se refere ao esoterismo e de um modo bem profundo.

O francês Alphonse-Louis Constant, que posteriormente denominou-se Eliphas Lévi, nasceu em Paris, no ano de 1810. Depois da Era do Iluminismo, no século XVIII, que – ao menos exteriormente – colocou a sensatez e a clareza em primeiro plano, as pessoas voltaram outra vez seu interesse para os aspectos mais fantásticos e quiméricos da vida. Veio a época do romantismo. Literariamente, essa mudança espiritual foi representada na Alemanha por Ernst Amadeus Hoffmann, cujos contos fantásticos, mágicos, exerceram posteriormente grande influência sobre Sigmund Freud e C. G. Jung. Na Inglaterra, causava encanto Matthew Gregory Lewis, com seu romance *O Monge*, fascinando as massas; Mary W. Shelley criou "Frankenstein", personagem conhecido até os nossos dias. Com seu romance, *O Castelo Otranto*, Horace Walpole criou o assim chamado romantismo negro. Em tudo imperava um clima espiritualista provocado pelo interesse pela magia e pelo ocultismo.

Eliphas Lévi também foi aquele que, em meados do século XIX, conduziu o estudo do esoterismo, por assim dizer, de um modo científico.

Alphonse-Louis Constant, que nasceu em Paris como filho de um sapateiro, só teria a oportunidade de realizar estudos superiores se se dedicasse ao serviço da Igreja – o que sempre acontecia no caso de a pessoa ser de origem humilde.

Hoje poderíamos indagar se essa foi uma decisão feliz. Por um lado, o jovem Alphonse-Louis alcançou o tão ansiado objetivo: obteve instrução superior, pôde tranquilamente pesquisar o tesouro representado por antigos escritos nas bibliotecas; mas, por outro lado, é impossível não perceber que a ligação com a Igreja delimitou pesadamente o seu desenvolvimento pessoal. Por conseguinte, esse conflito deu à sua vida uma nota trágica. O jovem candidato ao sacerdócio não fez os votos perpétuos que lhe garantiriam uma vida sem preocupações financeiras, além do acesso ao cargo e às dignidades, por achar o fardo do celibato pesado demais. Eliphas Lévi casou-se com uma de suas alunas. Mas a infelicidade atormentou esse casamento, bem como toda a sua vida. Durante a vida inteira ele se viu, por assim dizer, "entre a cruz e a caldeirinha". Não era sacerdote, no entanto denominava-se abade, afirmando sentir-se membro da Igreja católica. Era casado e, no entanto, não conseguia viver verdadeiramente esse casamento. O parisiense Alphonse-Louis Constant, provindo das mais baixas camadas sociais da França, teve de cumprir oito meses de prisão devido a um escrito de cunho social revolucionário. Quando envelheceu, teve de depender das contribuições financeiras de alguns membros da nobreza, que haviam sido seus alunos. Levou uma vida deplorável como desenhista e ilustrador e como professor de ocultismo. Ele queria ser um filósofo, sem no entanto ter de renunciar ao seu raciocínio teológico, ardentemente defendido pela Igreja.

Eliphas Lévi escreveu mais de duzentos livros que tratam dos mais variados assuntos. Suas obras principais são: *Dogma e ritual da alta magia*, *História da magia* e *A chave dos grandes mistérios*.* Trata-se de obras que impressionam até hoje tanto os esoteristas como os exoteristas. O ponto principal de seus estudos era a magia, a cabala e o tarô. Eliphas Lévi foi o primeiro a chamar a nossa atenção para a ligação existente entre a cabala e o tarô.

Suas obras demonstram grande conhecimento esotérico que, seja como for, em vários aspectos (provavelmente em consideração à Igreja), tem de ser lido nas entrelinhas, o que torna essas obras inadequadas para principiantes. Assim sendo, só se lê escritos de Eliphas Lévi com proveito quando já se dispõe de um bom conhecimento esotérico para descobrir o que está mais ou menos escrito em código.

Até onde é do meu conhecimento, nunca foi suficientemente esclarecido de que fontes provêm os grandes conhecimentos que Eliphas Lévi possuía. Parece improvável que os tenha obtido apenas nas salas de leitura das bibliotecas. Isso leva a crer que Eliphas Lévi – tal como depois dele, Helena Blavatsky e os fundadores da "Aurora Dourada" –, talvez estivesse mantendo uma ligação misteriosa com os Mestres que lhe transmitiram o conhecimento necessário. Às vezes também encontramos a tese de que Eliphas Lévi pertencia a uma ordem secreta cujo nome até hoje não se conseguiu identificar, e que foi dessa maneira que ele entrou em contato com o seu conhecimento. Para não faltar com o voto de silêncio, formulou intencionalmente vários conceitos em seus escritos de modo obscuro, para que só pudessem ser identificados pelos iniciados. O conhecimento de que o tarô e a cabala tinham uma estreita ligação e o teor dessa ligação também deve ter chegado ao seu conhecimento dessa maneira.

Apesar de sua vida continuar sendo exteriormente pobre e humilde, por meio de seus livros Eliphas Lévi ganhou fama e

---

* Publicados pela Editora Pensamento, São Paulo.

adeptos que ultrapassaram os limites do seu país. Na Inglaterra e, no final de sua vida também na Alemanha, seu nome despertou atenção e ele foi convidado a visitar esses países. Em Londres, travou conhecimento com lorde Bulwer-Lytton e, nessa mesma cidade, aconteceu a famosa invocação do espírito de Apolônio de Tiana, a única mágica feita por Lévi em toda a sua vida. Como essa invocação é citada e descrita em quase todos os livros de Lévi, abstenho-me aqui de falar sobre particularidades. Eliphas Lévi morreu no ano "mágico" de 1875, satisfeito com o mundo, com a Igreja e consigo mesmo.

Ele deixou todo um grupo de adeptos na França, os quais de algum modo continuaram seu trabalho esotérico. O mais famoso deles, embora não fosse seu aluno direto, foi Gérard Encausse, conhecido pelo pseudônimo de Papus. Encausse era médico, e seu pseudônimo designa o gênio da cura. Papus nasceu em 1865, na Espanha, e estudou medicina. Ao mesmo tempo, seu interesse se voltava para o que na época se denominava ocultismo. Papus pertencia à geração de pioneiros do século passado, muitos dos quais consideravam que sua missão na vida era ler e decifrar os tesouros esquecidos da literatura esotérica em sombrias bibliotecas, além de torná-los acessíveis à consciência das pessoas do século XIX. Esse era um empreendimento por certo nada fácil, numa época em que imperava uma visão científica tão materialisticamente orientada, que só confiava na percepção dos sentidos básicos do homem. O esforço para avaliar o ocultismo de acordo com os critérios da ciência do século XIX, e de torná-lo apropriado aos debates nos salões, caracteriza em muitos sentidos a obra de Papus. É por isso que toda a sua obra, apesar da qualidade que possui, está presa a um determinado período de tempo, o que a torna difícil de ser lida e compreendida numa época em que também algumas disciplinas científicas ampliaram seus horizontes na direção da transcendência.

A personalidade que mais influenciou o renascimento do esoterismo no século XIX, e que estende sua influência até hoje, é sem dúvida Helena Petrovna Blavatsky, também chamada por seus adeptos de H.P.B., as iniciais do seu nome. Filha de um russo hierarquicamente bem situado, nasceu em 1831 na Ucrânia. Desde pequena, Helena deu mostras de ter aptidões mediúnicas, precisando submeter-se várias vezes ao processo de exorcismo. Com 17 anos foi dada em casamento ao general Blavatsky, que ela logo depois abandonou. Vestida de marinheiro, aventurou-se numa viagem à Turquia.

A partir dessa data, começou a levar uma vida de aventureira, de certa maneira extraordinária, semelhante à dos charlatães e esoteristas do século XVIII. Essa vida levou Helena Blavatsky a viajar pelo mundo todo. Centros de importância na sua vida foram o Egito, a Índia e a América, e afirmava ter estado também no Tibete. Durante certo tempo trabalhou como amazona num circo e, vestida como homem, foi companheira de lutas de Garibaldi, na Itália. É provável que também tenha encontrado Eliphas Lévi, embora isso não possa ser biograficamente comprovado. Mas, nas suas obras pode-se perceber a forte influência exercida por ele.

Como sua vida espalhafatosa não pôde ser reproduzida com exatidão, elaborou-se a esse respeito um mito especial. Aos 20 anos, ela supostamente encontrou pela primeira vez o seu mestre Kut Humi na figura de um príncipe hindu, que lhe disse que ela fora escolhida para ser sua discípula. Ele lhe deu a incumbência de fundar uma sociedade e divulgar o ensinamento esotérico por todo o mundo.

Em 1873, Helena Blavatsky instalou-se por algum tempo nos Estados Unidos. Lá entrou em contato com círculos espíritas e participou ativamente de suas atividades. Isso lhe deu a oportunidade de desenvolver e treinar sua aptidão mediúnica. Na América, ela conheceu também Henry Steel Olcott, que posteriormente veio a ser seu mais fiel e significativo colaborador e com o qual fundou um círculo espírita próprio.

No ano "mágico" de 1875, esse círculo transformou-se numa sociedade esotérica secreta, também denominada "Sociedade Teosófica". Essa sociedade tinha como objetivo dedicar-se ao estabelecimento das verdades e ao que todas as religiões do mundo tinham em comum; além disso, objetivava pesquisar as forças ocultas, secretas e mágicas das pessoas para torná-las úteis, além de investigar todas as leis da natureza ainda não descobertas. O objetivo era criar dessa maneira uma nova religião mundial, que fosse completamente fundamentada no conhecimento primordial oculto da humanidade e que harmonizasse seus ensinamentos com as forças já descobertas e as forças ainda por descobrir da natureza. (Sobre o significado da palavra "teosofia", consultar página 184.)

Em 1877, Helena Blavatsky publicou a primeira de suas principais obras: *Ísis sem véu*.* Nela afirma que sempre existiu um conhecimento secreto, que é o cerne comum a todas as grandes religiões mundiais e que forma o mais importante sistema filosófico. Depois da publicação desse livro, Helena Blavatsky voltou-se cada vez mais para o pensamento oriental, sobretudo o hindu. Em 1878, numa de suas viagens por Londres, depois de ter fundado a Sociedade Teosófica, viajou juntamente com Olcott para a Índia. Lá, ela procurou contatar os intelectuais

---

* *Ísis sem véu*, 3 vols., publicado pela Editora Pensamento, São Paulo.

hindus, obtendo sucesso; consequentemente, a sede da Sociedade Teosófica foi transferida para a Índia, exatamente em Adyar, na parte sul da cidade de Madras, onde a sociedade comprou um terreno e onde até hoje se encontra a sua sede principal, a Adyar-Teosofia. Na Índia, Helena Blavatsky renovou o contato com o seu "Mestre", que a ajudou a estabelecer o rumo posterior que a sua missão de vida teria de tomar.

Aqui talvez seja oportuno falar algo sobre o conceito de "Mestre", que sempre torna a aparecer no esoterismo. Uma das convicções fundamentais do pensamento esotérico é o aprendizado da evolução, que afirma que todo homem e, analogamente, todo animal, toda planta, toda pedra, toda criatura possui um lugar bem determinado numa cadeia de desenvolvimento hierárquico. Consequentemente, cada vida começa numa etapa muito primitiva; por exemplo, uma vida inicia-se no reino mineral, como pedra, para então, aos poucos, no decurso de milênios, continuar a se desenvolver, transformando-se em planta, percorrendo o reino animal e chegando ao reino humano, até agora a etapa elevada da evolução nesta esfera terrena, material.

Porém, mesmo no reino humano a evolução está longe de ter terminado, pois através de várias reencarnações (ver página 190) cada pessoa volta, depois de certo tempo e após cada morte, à Terra e se encarna numa nova personalidade. Todo esse desenvolvimento deve ser entendido como um processo evolutivo de aprendizagem. O homem tem a tarefa de crescer um pouco mais em cada encarnação, de aprimorar as aptidões que trouxe consigo e de ampliá-las para, desse modo, alcançar uma etapa cada vez mais elevada de consciência. Então chega o momento em que o homem nada mais tem para aprender neste plano material-terreno, podendo fazer a passagem para o plano seguinte: o transcendental, onde esse processo de aprendizagem será continuado. Segundo a tradição esotérica, existem sempre pessoas superdesenvolvidas que, por amor à humanidade, renunciam à própria sequência de desenvolvimento, permanecendo na nossa esfera a fim de ajudar a humanidade a progredir em sua evolução. Por esse motivo, são chamadas de "Mestres". Seu alto grau de consciência faz com que dominem completamente as leis do plano material, que podem usar. Via de regra, não estão mais restritas a um corpo material, embora se sirvam de um, a fim de poder entrar em contato direto com as pessoas. Muitas vezes, sua vida transcorre numa região de difícil acesso, como, por exemplo, no mundo montanhoso do Himalaia. Os "mestres" sempre restabelecem contato com as pessoas que acreditam estar prontas para receber a transmissão do seu conhecimento esotérico, e que possam ajudar no desenvolvimento posterior da humanidade. Eles dão a essas pessoas a tarefa de transmitir esse ensinamento de modo apropriado entre os homens.

Cada "mestre" tem seu reino determinado, portanto, a sua especialidade, e o apresenta à humanidade por meio de uma vibração energética denominada raio.

Os teosofistas conhecem sete raios, cada um regido por um "mestre". O primeiro raio é o da vontade e do poder; o segundo é o raio do amor à sabedoria (filosofia); o terceiro é o raio da atividade e da adaptação; o quarto raio rege a harmonia, a beleza e a unidade; o quinto é o raio do conhecimento concreto ou da ciência; o sexto raio é a vibração do idealismo ou da dedicação abstratos; e o sétimo, o da magia cerimonial ou da lei, o raio do ritual.

Além disso, costuma-se supor que, por trás de movimentos esotéricos, como os dos templários, os dos rosa-cruzes e, no caso, também da Sociedade Teosófica, bem como por trás de certas ordens e lojas, existem esses "mestres" que, desse modo, procuram influenciar o destino da humanidade no sentido positivo. Como os "mestres" consideram a liberdade de decisão dos homens a sua lei máxima, sua influência direta é limitada. Eles podem apenas elaborar as possibilidades e as condições, mas não podem se intrometer no destino global da humanidade ou de cada indivíduo isoladamente. É por isso que sempre encontramos nas pegadas dos "mestres" um início repleto de esperança, mas também grandes dificuldades, como no caso dos templários, dos rosa-cruzes, da ordem da "Aurora Dourada" e, por último, também da Sociedade Teosófica. Alguns esoteristas do passado eram vistos como personificações ou representantes do Mestre. Assim, o misterioso conde de Saint-Germain foi visto como encarnação ou representante do mestre do sétimo raio, pelo fato de sua ação ter-se desenrolado sobretudo no seio das ordens esotéricas e ter-se desenvolvido nos círculos secretos da magia.

Helena Blavatsky afirmava estar em contato com esses "mestres" e receber deles a transmissão do conhecimento esotérico secreto a fim de transmiti-lo à humanidade. Portanto, ela cultivava esse contato com o mestre Kut Humi, cujo lar ficava no oeste do Himalaia, e com Djwal Khul, também um mestre do segundo raio, a quem deve a maior parte do conteúdo de sua obra posterior, *A doutrina secreta*.* As instruções dos "mestres" chegavam a Helena Blavatsky por correspondência. Testemunhas oculares em Adyar afirmaram que muitas vezes essas "missivas dos mestres" se materializavam do nada e apareciam voando de repente pelo quarto, ou então eram encontradas como que por magia em determinado armário que antes estava vazio. Algumas

---

* *A doutrina secreta*, 6 vols., publicado pela Editora Pensamento, São Paulo.

dessas cartas, que foram guardadas no Museu Britânico, mostram a indefectível caligrafia de Helena Blavatsky e, quando se encontrou uma abertura secreta para a introdução das cartas no referido armário, a senhora Blavatsky conseguiu fugir do escândalo viajando às pressas para a Índia.

Será que com isso se desmascarou Helena Blavatsky como mentirosa e embusteira? Não é tão fácil responder a essa pergunta. Por mais aborrecidos e deprimentes que esses truques possam ser, todavia não se pode deixar de reconhecer que as obras de Helena Blavatsky continham informações que, para aquela época, eram de fato novas e cuja fonte ou origem ainda não foram encontradas até hoje. Além do mais, se considerarmos que ela era uma médium das mais sensíveis, é mais do que provável que ela tivesse a capacidade intuitiva de falar com os "mestres", caso estes existissem. Acreditar que se pode entrar em contato com os "mestres" e transmitir as informações deles recebidas de uma maneira julgada correta aos seus adeptos é uma questão de fé pessoal.

No esoterismo, tem-se repetido a tentação de trabalhar com truques, acompanhados de "fenômenos ocultos", a fim de chamar a atenção dos ouvintes, pois somente dessa maneira – é o que se afirma nos círculos esotéricos – é possível chamar a atenção constante das pessoas para o esoterismo, cujo conteúdo dificilmente poderia ter sido difundido sem a ajuda desses espetaculares fenômenos parapsicológicos. Quando se está convencido da veracidade das informações recebidas, acredita-se ser lícito usar certos truques e artes a serviço da sua divulgação. *Corriger la fortune*: é como se chama isso nos clubes de jogatina.

Aqui sou especialmente cético e reservado pois, segundo minha opinião, o verdadeiro conhecimento esotérico, em última análise, sempre será transmitido sem truques e sem parapsicologia. Vamos nos defrontar com o mesmo fenômeno na história da fundação da Ordem da Aurora Dourada. Um teósofo alemão, espiritualmente elevado, Franz Hartmann, que tinha amizade pessoal direta com Helena Blavatsky, disse a respeito desses acontecimentos: "Se a senhora Blavatsky tivesse ocultado a existência dos 'mestres' e não tivesse demonstrado nenhum fenômeno de ocultismo, talvez muita infelicidade teria sido poupada à Sociedade Teosófica, mas também se passaria meio século antes que suas obras fossem acolhidas pelo grande público. Nesse caso, o espírito da Teosofia desapareceria e os 'mestres' teriam se afastado."

Depois disso, Helena Blavatsky, já doente, escreveu sua segunda obra de importância: *A doutrina secreta*. Essa doutrina secreta pertence às mais fundamentais vertentes do esoterismo, embora por outro lado seja a obra de mais difícil compreensão. *A tabula smaragdina* de Hermes Trismegisto, e *A doutrina secreta* de Helena Blavatsky podem ser consideradas como as duas colunas que suportam a doutrina do esoterismo ocidental. Isso significa que todo o pensamento esotérico ocidental pode ser, direta ou indiretamente, atribuído a essas duas obras. A forma exterior de que se reveste a *A doutrina secreta* é um comentário do *Livro de Dzyan* que, em sete estrofes, narra a verdadeira evolução cósmica dos homens. Segundo suas afirmações, a senhora Blavatsky foi a única pessoa que viu esse livro, pertencente a uma biblioteca construída nos penhascos do Tibete, onde moravam naquela ocasião os dois "mestres" que a orientavam. *A doutrina secreta* é extremamente difícil de compreender e é escrita de modo muito complicado, fato que pode afastar a maioria dos seus leitores da continuação dos estudos esotéricos. É por isso que darei aqui um resumo muito breve e grosseiro do seu conteúdo principal.

A Lei Básica

Tudo é um. O divino e o humano não são diferenciáveis na sua essência, mas manifestações de um mesmo princípio em esferas diferentes. Do mesmo modo, o bem e o mal não são verdades eternas.

Quatro Pensamentos Básicos

1. A unidade de tudo é o ser, isto é, tudo *é*. Este ser tem dois aspectos: o positivo e o negativo. O positivo é a consciência, o negativo, a substância.
2. Não existe matéria morta. Todo o cosmos está vivo.
3. O homem é um microcosmo; ou seja, ele contém em si tudo o que está contido no grande cosmos.
4. É válida a lei de Hermes Trismegisto: Em cima como embaixo.

Três Teses Básicas

1. Existe algo absoluto, a realidade única, que é tanto o ser absoluto como o não ser.
2. A eternidade do cosmos se manifesta ciclicamente. Inúmeros universos vêm e vão como a enchente e a vazante das marés, como a alternância entre o dia e a noite, como a vida e a morte, como o despertar e o dormir.
3. No cosmos, cada unidade essencial (alma) traz em si uma centelha do absoluto, a "alma transcendental".

Seis Pontos

1. O ensinamento secreto (aquilo que neste livro é designado como esoterismo) é a reunião da sabedoria de todos os tempos, a sabedoria primordial acumulada por toda a humanidade, tal como foi vista desde a eternidade.

2. Tudo provém de uma causa primordial básica, de um ponto central, com o qual está em relacionamento e com o qual permanece unido.
3. O cosmos é a manifestação periódica cíclica de um ser desconhecido, absoluto, que pode ser chamado de ELE.
4. O cosmos, com tudo o que ele contém, chama-se Maya (ilusão), porque cada forma nele disponível, se comparada com o absoluto, é efêmera e se modifica constantemente.
5. Tudo no cosmos tem consciência, de modo específico e dentro de seu limite de percepção.
6. O cosmos se move de dentro para fora e é dirigido dessa mesma maneira. Cada ação exterior é provocada por motivações interiores.

Cinco Fatos

1. Não existe nenhum Deus que possa ser captado na forma de uma imagem humana, por exemplo.
2. Existe uma energia primordial, denominada Logos, que deve ser contemplada como o criador do cosmos. Esse Logos se assemelha a um arquiteto, criador de uma estrutura, realizada pelos outros, pelos obreiros (as forças que atuam no cosmos).
3. As forças que atuam no cosmos são polares: a) energia inconsciente, que reside na matéria, e b) a alma ou a consciência cósmica, pela qual essa energia é dirigida (comparar com Pã-Hermes, página 140).
4. A matéria é eterna como portadora de vida. Portanto, não existe nada na natureza que não tenha vida.
5. O cosmos foi criado segundo um plano ideal, que está no absoluto desde a eternidade (comparável ao Ain Soph dos cabalistas).

Em 1891, três anos depois da publicação de *A doutrina secreta*, Helena Blavatsky morreu. Ela foi uma das maiores e mais destacadas personalidades da história do esoterismo, cuja influência espiritual (apesar da queda da Sociedade Teosófica por ela fundada) ainda é significativa atualmente, e talvez não tenha ainda atingido o seu ponto máximo.

Mas, como acontece com muitos iniciados, também havia muita coisa repelente e desagradável nela, o que mais prejudicava do que ajudava as ideias que defendia. Colin Wilson disse em seu livro *O ocultismo*, ao se referir a Blavatsky, que ela teria sido uma reencarnação de Cagliostro. "Ela tinha o mesmo carisma, a mesma vontade de viver aventuras e a mesma mescla de humor, a mesma jovialidade e genuína aptidão extrassensorial."

Depois da morte de Helena Blavatsky, a Sociedade Teosófica continuou a ser dirigida pelo seu colaborador Olcott, que se tornou seu presidente. Depois que ele morreu, em 1907, ela foi dirigida por outra grande personalidade feminina: Annie Besant.

Annie Besant nasceu em 1847. Sua vida destacou-se, como a de Helena Blavatsky, por uma grande inquietação interior que sempre a fazia oscilar entre extremos. Já no início da juventude, ocupava-se intensamente de questões religiosas e casou-se aos 19 anos com o pastor anglicano Frank Besant, visando levar uma vida de esposa de pastor. O casamento foi infeliz e, em 1873, eles se separaram.

Annie Besant passou em seguida por uma transformação radical; tornou-se ateia e livre-pensadora e engajou-se na política da esquerda radical. Por seu engajamento em favor do controle da natalidade, foi condenada em juízo. Nos círculos da esquerda radical, com os quais convivia na ocasião, conheceu Bernard Shaw, o dramaturgo, do qual se tornou amante.

Em 1889, ela recebeu a incumbência de criticar *A doutrina secreta* de Helena Blavatsky para um jornal e, para fazê-lo, procurou a amizade da autora. A personalidade carismática de Helena Blavatsky a atraiu, deixando-a encantada; outra vez ela mudou radicalmente de posição e entrou para a Sociedade Teosófica. O fato de o seu relacionamento com Bernard Shaw (quase dez anos mais jovem que ela) ter terminado um pouco antes, o que a afetou muito, também deve ter representado um papel nessa mudança.

Depois da morte de Helena Blavatsky, Annie Besant, junto com seu secretário, um ex-pastor anglicano, C.W. Leadbeater, passou a ter grande influência. Como Helena Blavatsky se dedicasse sobretudo ao cabedal de conhecimentos budistas, Annie Besant voltou-se com afinco para o hinduísmo e para a filosofia hindu. Isso teve consequências posteriores de grande repercussão para a Sociedade Teosófica. Assim a Teosofia, que originalmente teria sido uma síntese de alcance mundial entre o cabedal de pensamentos do Ocidente e do Oriente, como Helena Blavatsky desejava, passou a ser cada vez mais impregnada pelos ensinamentos hindus, em detrimento dos pensamentos ocidentais.

O verdadeiro cisma, a divisão de uma parte do movimento aconteceu quando Annie Besant adotou um menino hindu de 13 anos e lhe deu o nome de Krishnamurti, esclarecendo que se tratava de um Cristo renascido e da salvação do mundo. A consequência direta disso foi o afastamento de Rudolf Steiner, até então secretário-geral da Sociedade Teosófica Alemã na Central de Adyar. Ele fundou um movimento próprio, em oposição consciente à teosofia, que ele denominou antroposofia (ver página 184). Krishnamurti foi preparado e instruído por Annie Besant e, sobretudo, por Leadbeater para assumir seu papel como salvador do mundo. Mas quando Krishnamurti amadureceu, ao tornar-se adulto, com grande visão autocrítica, recusou-se a representar o papel que Annie Besant e Leadbeater lhe queriam atribuir.

Depois da morte de Annie Besant em 1933, a influência da sociedade Teosófica como organização decresceu, mas o cabedal de conhecimentos teosóficos ocupa até hoje um lugar de destaque no esoterismo.

A Ordem da Aurora Dourada

Tal como na França, também na Inglaterra houve um reavivamento do esoterismo em meados do século XIX. Enquanto na França Eliphas Lévi atuava no círculo de seus alunos diretos e indiretos, na Inglaterra formaram-se numerosos grupos e círculos em que se estudava a magia e o esoterismo.

Esse desenvolvimento na Inglaterra foi introduzido pelo livro *O mago*, de Francis Barret, publicado em 1801. Esse livro, que mencionava outra vez, detalhadamente, os ensinamentos secretos e as particularidades necessárias à sua prática, serviu de baliza para o ocultismo inglês no século XIX. Enquanto Eliphas Lévi dedicava-se sobretudo à teoria da magia, os ingleses, sob a influência de Barret, estavam interessados na sua execução prática. A essa finalidade serviam os diversos círculos de magia. O mais significativo desses agrupamentos foi por certo a Societas Rosicruciana de Anglia, da qual o mais conhecido dos seus membros foi o escritor E. G. Bulwer-Lytton, conhecido como editor do *bestseller Os últimos dias de Pompeia*, bem como do romance ocultista *Zanoni** e *Vril ou uma humanidade do futuro*. Bulwer-Lytton, que em sua vida exotérica chegou até o cargo de ministro colonial, dispunha indubitavelmente de profundos e autênticos

---

* Publicado pela Editora Pensamento, São Paulo.

conhecimentos esotéricos, cujas fontes até hoje não foram claramente divulgadas. Eliphas Lévi entrou em contato com ele por ocasião da viagem que fez à Inglaterra.

Outro membro da Societas Rosicruciana, K.R.H. Mackenzie, também estabeleceu contato com Eliphas Lévi e, presumivelmente, foi ele quem introduziu na Inglaterra o tarô esotérico francês de Lévi. Outros membros que se tornaram importantes para a história do esoterismo foram o médico William Robert Woodman e William Westcott.

Um teólogo muito interessado no esoterismo, cujo nome era A.F.A. Woodford, encontrou certo dia numa loja de livros velhos na Farrington Road, em Londres, um manuscrito que, evidentemente, fora escrito em código secreto. Como Woodford não conseguiu decifrar o manuscrito, ele o entregou em 1887 a Westcott. Este era *coroner* por profissão, isto é, médico-legista que cuidava dos cadáveres e, ao mesmo tempo, era interessado pelo esoterismo. Além de ser membro da Societas Rosicruciana, Westcott também pertencia à Sociedade Teosófica e conhecia pessoalmente Helena Blavatsky. Ele publicou vários de seus escritos no jornal da Sociedade Teosófica. Westcott teve êxito em decifrar a escrita secreta com a ajuda e colaboração de seu colega, dr. Robert Woodman. Com a morte de Woodman, ao que parece, Westcott guardou o manuscrito consigo. A escrita continha em forma de esquemas a estrutura básica de cinco rituais de iniciação em diversos graus, cuja proveniência foi associada com certa personalidade misteriosa, cujo nome era S.D.A. O manuscrito também continha as iniciais A.L.C, o que levou à suposição de que proviesse de Eliphas Lévi (Alphonse-Louis Constant); continha ainda um comentário, em consequência do qual se pôde descobrir algo mais sobre uma certa senhorita Anna

Sprengel, representante principal de uma Ordem de rosa-cruzes na Alemanha.

O que aconteceu em seguida é relatado na história da Ordem da Aurora Dourada de modo bastante controvertido e velado. Segundo a história oficial da Ordem, Westcott entrou em contato com a Srta. Sprengel e recebeu dela a licença para fundar na Inglaterra um ramo dessa ordem rosacruciana com base nos cinco esquemas ritualísticos encontrados. Entre Westcott e a Srta. Sprengel desenvolveu-se, consequentemente, uma intensa troca de correspondência. Nessas cartas, ela transmitiu a Westcott todas as informações, bases e pressupostos para o trabalho prático e a fundação da ordem.

Certo dia, entretanto, esse contato foi interrompido. Outros membros da ordem de Sprengel escreveram a Westcott, comunicando-lhe a sua morte. Esses membros nunca estiveram de acordo com a fundação de um ramo da Ordem pela Srta. Sprengel na Inglaterra; assim sendo, não foram postas novas informações à disposição. Caso a Ordem quisesse continuar funcionando na Inglaterra, teria de procurar essas informações por si mesma, estabelecendo uma ligação com o mestre secreto.

Tudo isso parecia muito misterioso e deu margem a muitas suposições e pesquisas. No entanto, nunca foi possível descobrir a existência da Srta. Sprengel ou da sua ordem secreta. As mais recentes pesquisas afirmam, com bastante convicção, que o próprio Westcott falsificara as cartas. Também aqui deparamos com o *corriger la fortune*. Por outro lado, contudo, é evidente que a Ordem da Aurora Dourada dispõe de genuíno conhecimento esotérico, tendo realizado práticas ocultistas que mostraram uma assombrosa semelhança com as do misticismo tibetano, que naquela ocasião não eram conhecidas por ninguém na Inglaterra, visto ser o Tibete ainda um país fechado e proibido. De vez em quando, deparamos com a tese de que as letras SDA sejam um sinal de reconhecimento do mesmo "mestre" que, no século XVIII, atuava por intermédio do Conde de Saint-Germain. A ordem então foi fundada com o nome de A Aurora Dourada, isto é, Ordem Hermética da Aurora Dourada.

Para Westcott e Woodmann, o trabalho subsequente foi difícil. O material que haviam coletado até então era visivelmente insuficiente para fundamentar um trabalho amplo da Ordem. Isso, contudo, modificou-se quando a Westcott e a Woodman uniu-se um terceiro membro, Samuel Liddle Mathers. Este, que posteriormente se denominou MacGregor Mathers, não pertencia à Societas Rosicruciana, porém estava bastante interessado em simbolismo e nas doutrinas secretas, a cujo estudo ele sempre se dedicara apesar da sua extrema pobreza. Ao que parece, Mathers tinha muita aptidão para a magia e a mediunidade, e sua esposa, Moina, irmã do filósofo Bergson, tinha a mesma capacidade.

Mathers afirmava ter restabelecido o contato com os "mestres" desconhecidos da Ordem, e que deles recebia continuamente novo material sobre ocultismo. Com base no manuscrito *Chiffre*, ele escreveu cinco rituais muito poéticos e ricos em conteúdo, cada um destinado a um determinado grau de iniciação esotérica. Como base do ensinamento principal da Ordem, usava-se a Árvore da Vida cabalística (ver página 178 e seguintes.). Cada uma das dez Sephirot correspondia a um grau. O recém-admitido à Ordem começava como neófito em Malkuth, para em seguida esforçar-se na obtenção de um grau cada vez mais elevado. A cada grau correspondia um certo conhecimento esotérico, que o membro tinha de aprender por meio de um ritual correspondente antes de poder passar a outro grau. Os primeiros quatro graus formavam a assim chamada ordem exterior, cujo principal objetivo era o ensino esotérico. Com a obtenção do quinto grau, o de "Adeptus Minor", o associado tinha acesso à chamada ordem interior, na qual era realizado de fato o trabalho de magia. Como um todo, pode-se considerar a Ordem da Aurora Dourada como uma academia esotérica que transmitia aos seus alunos consideráveis e profundos conhecimentos esotéricos.

Embora há muito tempo a Ordem tenha deixado de existir, sua influência, ou seja, a influência do material que deixou, ainda é grande. Principalmente no âmbito das línguas anglo-saxônicas, não existe nenhum livro esotérico que não esteja de certo modo impregnado pela Aurora Dourada. Muitos personagens de destaque na vida pública e cultural faziam parte dessa Ordem. Eis alguns nomes de uma lista de membros que são conhecidos até hoje: A. E. Waite, o criador do mais conhecido baralho de tarô; Aleister Crowley, o famoso mágico; o poeta irlandês William Butler Yeats; Florentine Farr, conhecida artista da época vitoriana (e que, como Annie Besant, foi uma das amantes de Bernard Shaw); Bram Stoker, autor do conhecido romance *Drácula*; Arthur Machen, conhecido autor de histórias fantásticas; possivelmente Henry Rider-Haggard, clássico da literatura de ficção; Dion Fortune, a famosa ocultista inglesa; Israel Regardie, conhecido escritor esoterista e que na ocasião era secretário de Crowley, bem como – para surpresa de muitos – Rudolf Steiner, que por bastante tempo manteve uma ligação com a Ordem e tomou parte em seus trabalhos em Londres.

Infelizmente, a Ordem só conseguiu trabalhar bem e fecundamente por poucos anos. Então a parte humana levou vantagem e, com o tempo, decretou o seu fim. Não demorou muito para que dentro do próprio grêmio surgissem intrigas entre os membros dirigentes devido a pretensões de poder. Depois que Woodman morreu, Westcott foi tão pressionado por Mathers que teve de abandonar a Ordem; e o próprio Mathers também foi repelido pelos demais membros devido às suas maneiras autoritárias e ao seu estilo impositivo de liderança. Por fim, ele se mudou para Paris, onde tentou manter a influência sobre o trabalho da Ordem, porém com pouco êxito, pois morreu ali em 1918, de gripe ou, como muitos afirmam, vitimado por um trabalho de magia feito por Crowley.

Os membros da Ordem formaram diversos grupos e grupinhos, nos quais eram cultivados interesses específicos. Um círculo formado em torno da artista Florentine Farr, que se denominou "Esfera", dedicou-se a assim chamada viagem astral, uma técnica de imaginação que hoje é usada em psicoterapia com o nome de vida imagética catatônica. A magia sexual também parece ter tido adeptos, embora os documentos sobre ela não tenham sido publicados até hoje.

A dissolução da Ordem tornou-se inevitável quando Aleister Crowley foi aceito entre seus membros, pois vários acontecimentos desagradáveis e vários escândalos trouxeram a Ordem a público, e ela passou a ser malvista. Finalmente, foram tentados vários recomeços. A. E. Waite liderou a Ordem sob o seu antigo nome de Aurora Dourada em Londres, dando no entanto aos rituais uma nota nitidamente cristã e eliminando qualquer prática de magia. Uma outra parte dos membros praticava a magia e os antigos rituais, modificando porém o nome da Ordem que passou a chamar-se "Stella Matutina".

Se de fato forças espirituais superiores estavam por trás das ordens, elas se retiraram depressa, abandonando-as à própria sorte. Quando Israel Regardie entrou na Ordem Stella Matutina em 1934, ele a encontrou num estado lastimável. Os membros haviam perdido qualquer relacionamento com os ensinamentos esotéricos que a Ordem guardava e administrava. Eles não sabiam o que fazer com esse conhecimento e também não entendiam grande parte do mesmo. O perigo de que esse material, que continha um imenso conhecimento esotérico, se perdesse era grande devido à fraqueza humana; e essa perda podia ser irreparável.

Israel Regardie impediu que isso acontecesse por meio de um verdadeiro ato de força, na medida em que resolveu quebrar conscientemente o voto de silêncio, que todo membro precisava fazer para ser admitido na Ordem. Ele publicou o conjunto do material da ordem com todos os seus rituais, com pouquíssimas exceções. Esse material publicado por Regardie ainda hoje é uma fonte sempre renovadamente consultada e citada no esoterismo moderno, literalmente no âmbito da língua anglo-saxônica. Com sua ação ele deu o golpe mortal na organização, ao mesmo tempo em que salvava seu tesouro espiritual. A Ordem foi dissolvida e seus instrumentos mágicos e ritualísticos enterrados dentro de um caixote num recife da costa sul da Inglaterra. Trinta anos depois, em 1967, as ondas do mar abriram o túmulo da Ordem e carregaram os instrumentos enterrados para a praia. Isso representou como que uma advertência: o que foi confiado pelos "mestres" aos homens fracos e muitas vezes confusos não deve e nem pode morrer.

Aleister Crowley

A pessoa mais conhecida na tradição da Aurora Dourada é por certo Aleister Crowley. Fazer justiça à sua personalidade e à sua aparência nem sempre é fácil. Não existe ninguém no cenário esotérico que tenha sido tão controvertido como Crowley. Alguns o consideram o mais importuno e corrompido ser humano de todos os tempos, como um mago negro por excelência, ao passo que outros o consideram uma outra imagem de Deus, um mago genial, que ampliou os limites da magia e do esoterismo para novas, profundas e desconhecidas profundezas. Como tantas vezes acontece, ambas as facções contêm um pouco da verdade. Como Crowley vem sendo na atualidade exatamente um centro de interesse, e como o conhecimento de suas obras sem dúvida é a introdução no campo da magia e do esoterismo para não poucas pessoas, é necessário analisarmos mais de perto a personalidade de Crowley.

Fazer um retrato objetivo de Crowley parece-me pouco possível. Sua figura, em mais de um sentido provocante, sempre levará a um posicionamento com nuances de coloração pessoal. Não encontrei nenhum livro contra ou a favor de Crowley que pudesse se furtar a essa provocação. Portanto, isso também vale para a minha descrição.

Existe uma biografia fundamental e bastante fiel sobre Crowley, feita por John Symonds, *Das Tier 666* [A besta 666], também disponível na versão alemã (Editora Sphinx); portanto, renuncio a uma menção detalhada da vida de Crowley, pois quem quiser obtê-la poderá ler o livro que mencionei. Há, ainda, um excelente esboço biográfico no livro de Colin Wilson, *O ocultismo* (ver página 144).

Crowley nasceu no ano mágico de 1875, o ano da morte de Eliphas Lévi; por isso, pretendia ser a sua reencarnação. Seus pais pertenciam à boa e burguesa classe média inglesa, gente que conseguiu algo por meio do esforço, do trabalho árduo e da virtude. Eles pertenciam à seita dos Plymouth Brethren (Os irmãos de Plymouth), uma comunidade religiosa que se excedia na fidelidade à Bíblia. A influência desse ambiente, no qual Crowley cresceu, segundo minha opinião, é muito pouco valorizada, e em parte mal-avaliada, pelos seus biógrafos.

Eu creio que os aspectos essenciais da personalidade de Crowley, sua arrogância, sua convicção de ter sido o escolhido, bem como o seu ego inflado têm aí suas raízes. Os Plymouth Brethren se achavam extraordinários. Para eles não existia autoridade maior do que a da palavra literal da Bíblia, que citavam em todas as oportunidades. Para tudo e para cada coisa da vida cotidiana eles tinham uma citação bíblica adequada, muitas vezes a mesma para coisas diferentes. Para eles a Bíblia não era só uma ajuda e uma base religiosa, mas ao mesmo tempo uma arma para a luta diária pela vida, um livro mágico, que eles usavam desinibidamente para criar o bem e o mal. Com essa visão, portanto, podemos dizer que Crowley cresceu numa atmosfera impregnada pela magia negra. Além disso, os Plymouth Brethren se julgavam os escolhidos de Deus, visto que seu modo de vida, e somente o deles, era absolutamente correto e não sujeito a erros. Tudo isso encontramos repetidamente na vida de Crowley, mesmo se já não impregnado com conteúdo cristão ou bíblico. O jovem Aleister parece ter sido muito enérgico e temperamental, pois até mesmo sua mãe lhe pôs um apelido que, posteriormente, ele usava como um título honroso: besta selvagem. A Besta 666, a fera do abismo (segundo o Apocalipse de João, 13: 11-18).

Com cerca de 20 anos, Crowley entrou em contato com a literatura mágico-esotérica. Ele leu uma tradução de MacGregor da Kabbala Denudata (ver página 129) e o livro de A. E. Waites sobre a magia cerimonial: *The Book of Black Magic and the Pacts*

[O livro da magia negra e dos pactos]. Isso despertou-lhe o interesse para o ocultismo e, no ano de 1898, ele se tornou membro da Ordem da Aurora Dourada. Crowley, que depois da morte do pai herdou uma fortuna que lhe permitiu concentrar-se totalmente em seus estudos de esoterismo e de magia, trabalhou com ardor e com esforço incomuns o material e as tarefas apresentadas pela Ordem. Nessa ocasião, Crowley certamente entrou pela primeira vez em contato com duas coisas que foram determinantes e que exerceram grande influência na sua vida: as drogas e a magia sexual (ver página 173).

Nessa época, Crowley tinha uma amizade íntima com outro membro da "Aurora Dourada", Allan Bennett, sob cuja direção estudou o material apresentado pela Ordem. Bennett era asmático. Como naqueles tempos os médicos receitavam heroína como remédio contra asma, Crowley entrou em contato com a droga, ao que tudo indica por meio de Bennett. Em toda a sua vida nunca mais conseguiu livrar-se da dependência criada pela droga.

Eu acredito que a fome e a sede de Crowley por ensinamento e sabedoria esotéricos era genuína e profunda nessa ocasião. Ele era por certo um verdadeiro buscador, que procurava desesperadamente um caminho que lhe possibilitasse sair dos limites da estreiteza espiritual da sua infância, a fim de poder viver construtivamente a grande energia de sua alma. Todo o seu ardor e todo o seu anseio eram dedicados ao esoterismo. Mas Crowley entrou para a Aurora Dourada numa época em que a Ordem já apresentava sintomas visíveis de sua posterior corrupção.

Eu credito a Crowley o fato de ter preservado esse profundo ardor e anseio pela verdade e pelo princípio mais elevado durante toda a sua vida num recanto oculto do seu coração, apesar de todos os seus fracassos e dos seus desvios de caráter. Com certeza, sentiu-se decepcionado com os pseudomagos da Aurora Dourada que, como membros típicos da classe média, colocam seu esforço pela conquista do princípio superior e uma saudável luta para ganhar dinheiro sob um mesmo rótulo. Seu temperamento inquieto, sempre na busca, precisava de meios mágicos mais fortes. Estes, ele descobriu na magia sexual. Mas, como ele não a praticasse em silêncio e secretamente, como os demais membros da Ordem, mas sim com a sua "cambada", como diríamos hoje, publicamente nos "Ritos de Elêusis", isso resultou (ainda estamos na Inglaterra da época vitoriana) em inevitáveis escândalos e, consequentemente, nas dificuldades daí advindas. A Ordem recusou a Crowley o grau de *Adeptus Minor*. Ele não gostou disso, e os conflitos acirrados logo levaram a uma divisão interna. Em 1901, esses conflitos provocaram a destruição da Ordem, da qual o próprio Crowley foi excluído.

Com essa expulsão, terminou o tempo de aprendizado de Crowley e ele se sentiu pronto a levar a salvação ao mundo como um novo Messias. Em 1904, aconteceu o que se pode chamar de o acontecimento central da vida de Crowley. No Cairo, foi-lhe ditado por uma entidade, ou por um espírito cujo nome era Aiwass, o livro *Das Buch des Gesetzes* [O livro das leis], quando ele estava em transe. Trata-se de uma espécie de sequência de aforismos, escrita no floreado estilo bíblico apropriado aos Plymouth Brethren, cujo conteúdo, na minha opinião, está impregnado de fascismo. Não foi sem razão que os adeptos de Crowley dessa época indicassem o *Buch des Gesetzes* como uma base ideológica para Hitler. Esse livro foi recomendado como base para o nacional-socialismo e Crowley declarou que ele seria a Bíblia da Nova Era que estava por se iniciar: a Era de Hórus. O próprio Crowley sentia-se como o profeta e messias dessa era. Todos os seus esforços visavam atingir o objetivo de estabelecer o *Buch des Gesetzes* como o fundamento espiritual do século XX. Os esforços autodestruidores da humanidade colocaram esse objetivo dentro do seu alcance.

A vida de Crowley foi, a partir de então, uma interminável odisseia através do mundo todo, cuja estabilidade dependia, para ele, de duas coisas: da magia sexual (ver página 173) e das drogas. A destruição paulatina de sua personalidade não podia deixar de ser notada. Mas, o lado genial do seu ser também era inegável. Não houve estilo excêntrico de vida do século XX, desde o *dada* até o *punk*, que ele não tentasse e experimentasse exaustivamente. Posso muito bem imaginar que isso o tornou mais representativo para as gerações posteriores do nosso século do que a sua própria magia. Ele sempre fascinou os entediados burgueses que aderiam a ele como discípulos, e muitas vezes essa adesão os levava à loucura e ao suicídio. Apenas uns poucos conseguiram, usando de todas as energias disponíveis e com profundas feridas psíquicas, fugir à influência de Crowley, reencontrando um caminho de vida de certa maneira normal. Nesse sentido, Crowley mostrou ser, e ainda mostra até hoje, uma espécie de "droga espiritual".

Foi só no início dos anos 20 que houve uma espécie de polo de tranquilidade na vida de Crowley. Junto com Lea Hirsig, sua amante ruiva (parceira nas práticas de magia sexual), ele fundou em Cefalu, na Sicília, um centro espírita, a Abadia de Thelema. Usou como modelo a Abadia Thelema do romance *Gargantua*, de Rabelais, em que é descrito um convento em que homens e mulheres coabitam e cuja regra principal é não ter regras, a não ser a de viver segundo a livre vontade, na medida em que tudo é permitido. Todos podiam fazer ou deixar de fazer o que quisessem a qualquer momento.

"Faça o que quiser", foi o lema dado para a Nova Era de Crowley. Nesse centro, Crowley dedicou-se de corpo e alma ao estudo em parte excêntrico da magia, que percorria caminhos novos e reuniu um grupo de discípulos ao seu redor. Também nesse grupo a morte foi o resultado para muitos deles. Dos rituais mágicos praticados em Thelema fazia parte o que se segue, conforme a narração de testemunhas oculares:

Lea Hirsig ficava de quatro no chão e era possuída por trás por um bode. No momento do orgasmo, Crowley decepava a cabeça do bode de tal modo que todo o corpo da "mulher carmesim" fosse banhado pelo sangue. Também isso é preciso saber e anotar, se quisermos estudar Crowley. Os terríveis boatos que envolviam a vida na Abadia Thelema levaram finalmente Mussolini, recém-empossado no governo da Itália, a expulsar Crowley do país, não devido à sua magia, mas por considerá-lo um francomaçom.

Ao que parece, pelo resto de sua vida, Crowley nunca mais conseguiu recuperar-se desse golpe. Sua vida pública perdeu cada vez mais o significado, transformando-se numa luta constante pela mera sobrevivência, pelo dinheiro de cada dia e pela droga de que necessitava diariamente, até vir a cair no esquecimento. O último endereço de Crowley foi Hastings, na Inglaterra, onde passou a viver a velhice numa pequena pensão, em condições de penúria, sustentado graças às esmolas de uns poucos adeptos, que ainda reconheciam a sua força. Estes lhe possibilitaram ao menos sua dose diária de heroína. Aí ele morreu, em 1947.

Indubitavelmente, Crowley foi um homem predisposto à genialidade, se é que não foi de fato um gênio na dedicação ao conhecimento abrangente e profundo. Ele dispunha de aptidões esotéricas e ocultistas que certamente deveria ter usado de maneira bem diferente. O jovem Crowley escolheu com todo o fervor de sua ânsia o caminho curto e íngreme para a iniciação, que provavelmente também alcançou, para depois sofrer uma queda bem maior. (A iniciação não oferece nenhuma proteção segura contra quedas.) Justamente o fato de Crowley ser um iniciado é que o torna mais perigoso como modelo para os esoteristas do que qualquer charlatão. Pela sua curiosidade e pelas suas aptidões para a magia, ele de fato obteve o acesso às energias e às esferas demoníacas, que de fato existem, mas que são mantidas fechadas e evitadas pelos iniciados e pelos "mestres" por bons motivos. Graças a sua grande capacidade mágica e a sua grande força, Crowley teve êxito na maioria dos casos, se não em todos, em lidar com o fluxo dessas energias que entraram em esfera através da brecha que ele abriu. Seus seguidores e discípulos não tiveram o mesmo sucesso e acabaram tornando-se vítimas dessas mesmas forças que exorcizavam.

Ainda há outra circunstância de especial relevância. Em essência, Crowley não era um homem criativo. A base e a estrutura de todo o seu sistema de magia, em última análise, continuaram sendo a linguagem dos Plymouth Brethren e o sistema usado na Aurora Dourada. Portanto, os textos escritos e os rituais exteriormente visíveis não se diferenciaram especialmente da Bíblia e do material da Aurora Dourada, a não ser por alguns pormenores; nesse caso, tratava-se de particularidades decisivas. Portanto, quem viver segundo os textos mágicos de Crowley e praticar seus rituais pode ter surpresas nada agradáveis, que nem sempre são de natureza espetacular, como de loucura, de suicídio ou combustão espontânea, mas que podem ter consequências profundas no inconsciente. A escola esotérica que se orienta por Crowley assemelha-se a uma criança que brinca com uma bomba não deflagrada.

Crowley foi um autêntico esoterista que, no entanto, ficou para sempre preso à esfera mais profunda de Pã, sem nunca trilhar o caminho do hermetismo. Não porque não pudesse fazê-lo, mas porque simplesmente não quis. Considerando-se o fato, estava consequentemente certo de que, durante o seu sepultamento, seria lido à beira do túmulo o seguinte Hino a Pã:

Und ich rase und vergewaltige,
Reisse und tobe,
Wüte ewig durch die Welt
In der Gewalt von Pan.

[E eu me enfureço e desonro, / Rasgo e vocifero, / Causo eterna devastação pelo mundo / Sob o domínio de Pã.]

Gurdjieff e sua Escola

Na mesma época de Crowley, viveu e atuou um outro mago, cuja vida é totalmente diferente, embora possam ser traçados alguns paralelos entre os dois. Gurdjieff nasceu por volta de 1877 (as informações sobre o fato divergem) no Transcáucaso. Grego de origem, obteve a cidadania russa. O próprio ambiente em que o jovem Gurdjieff cresceu era totalmente diferente do ambiente burguês de classe média da Inglaterra vitoriana, pelo qual Crowley foi tão decisivamente influenciado. O pai de Gurdjieff era um *Ashokh*, um cantor itinerante que entretinha as pessoas com seus cânticos muito antigos e com a representação dos épicos.

O jovem Gurdjieff sentiu, na própria pele, como em sua pátria e em seu povo se entrelaçavam os seres mágicos, a superstição, a magia e o genuíno conhecimento esotérico, formando um conglomerado estranho. Foi então que Gurdjieff deve ter adquirido a convicção de que no mundo e nas pessoas existem energias ainda não descobertas que, se usadas conscientemente, ampliariam o horizonte da consciência humana de um modo inimaginável. Uma das canções, sempre repetida por seu pai, narrava a história do príncipe da Babilônia, Gilgamesch. Quando Gurdjieff descobriu que essa mesma história épica fora encontrada em escavações feitas na Babilônia, cunhada numas placas de argila de 2000 a.C., isso o fascinou de modo extraordinário. Será que não haveria a possibilidade de existir outros conhecimentos primordiais escondidos ou enterrados em algum lugar, talvez à espera de serem descobertos?

Gurdjieff dedicou-se com todo o fervor a descobrir rastros desse conhecimento secreto. Ele viajou por toda parte, visitou velhos mosteiros e suas bibliotecas, conversou com pessoas simples e percorreu uma grande parte do interior da Eurásia, em busca de uma cidade subterrânea, possivelmente Agarta.

Embora Gurdjieff tenha descrito muitas das coisas que descobriu nessa época em seu livro *Encontro com homens notáveis**, sabemos essencialmente pouco sobre essa época. Diz-se que ele passou grande parte de sua vida no Tibete e que nesse país recebeu instrução dos mestres. Ele viajou para o Oriente Próximo e, ao que tudo indica, travou conhecimento com a tradição dos sufis, os esoteristas do Islã, tendo sido fortemente influenciado por essa tradição. Foi assim que Gurdjieff passou os primeiros quarenta anos de sua vida viajando e aprendendo.

Apesar do seu satanismo e do seu paganismo – ou talvez exatamente por causa deles –, Crowley era um homem profunda-

---

* Publicado pela Editora Pensamento, São Paulo.

mente religioso e espiritualista. Não se pode dizer o mesmo de Gurdjieff. Para este, o homem não valia muito mais do que uma máquina, que funcionava por meio de impulsos, de estímulos nervosos e emoções. Para ele, o homem é mais ou menos desamparado, entregue a essas influências, e isso faz com que passe toda a sua vida de certo modo num estado de sonambulismo, ou como se estivesse hipnotizado. Apenas de vez em quando ele consegue elevar-se acima desse estado, momentaneamente, despertando, por exemplo, por meio da sexualidade, pela qual ele consegue captar um pequeno vislumbre do que de fato poderia sentir se fosse capaz de lidar de maneira consciente com essas energias. Mas, esses momentos não só são raros, como também sempre muito breves; logo em seguida, o homem torna a recair em sua letargia, que está impregnada pela banalidade do dia a dia sob a regência dos costumes.

Segundo Gurdjieff, o esoterista pode ser comparado a um engenheiro que compreendeu a planta de construção da máquina humana e a conhece e que, portanto, está em condições de dominá-la e usá-la, de modo consciente. Segundo esse conceito, o objetivo de cada pessoa é conhecer melhor o próprio esquema de construção e utilizar as aptidões que existem em estado latente, além de usar conscientemente as energias inativas.

Junto com seu colaborador Ouspensky, que também era o seu "ponta de lança", Gurdjieff fundou em Fontainebleau, em Paris, o "Instituto para o Desenvolvimento Harmônico dos Homens" (outro paralelo com Crowley). O método pedagógico básico de Gurdjieff consistia, antes de tudo, no trabalho. Todo discípulo tinha de participar de um grupo de trabalho, e quanto mais desacostumado estivesse àquele tipo de trabalho ou quanto mais repulsivo o considerasse, tanto melhor. O principal intuito de

Gurdjieff era libertar os discípulos do peso e da rotina de seus hábitos e além disso, paulatinamente, fazê-los usar suas energias de modo mais consciente e eficaz. Segundo Gurdjieff, cada homem é um aparelho destinado à transformação da energia.

Ainda de acordo com ele, o homem dispõe de três centros energéticos: um intelectual, um emocional e um instintivo, trabalhando todos com energias próprias, a maior parte das vezes isolada, ou até contraditoriamente. Quando, mediante o treinamento constante, se consegue que os três centros trabalhem harmoniosamente em conjunto, o resultado não consiste apenas na possibilidade de o homem usar mais e melhor seu potencial energético, mas também, ao mesmo tempo, instala-se um estado de consciência com uma capacidade mais elevada de percepção. Esse estado, quando bem-sucedido, provoca uma atividade – e mesmo que seja muito banal e exteriormente pouco notada – realizada com a mais elevada conscientização.

Além desse método, Gurdjieff também usou uma determinada técnica de dança, que muito provavelmente herdou do sufismo. O objetivo dessa técnica era obter o maior controle corporal possível. Como Crowley, Gurdjieff também tinha uma vitalidade quase inesgotável e, de modo algum, ascética; ao contrário, ele se entregava aos prazeres, sobretudo aos da carne, no duplo sentido da palavra. Também nisso se assemelhava a Crowley, visto que a sua escolha dos meios muitas vezes era melindrosa, quando não isenta de escrúpulos. Gurdjieff morreu em 1949 e ainda hoje conta com muitos adeptos que trabalham em diferentes centros. A maior influência que exerce atualmente é sobre Osho e seu movimento.

Com seu ponto de vista materialista, como um esoterista não espiritual, Gurdjieff ocupa um lugar especial. Ele construiu, de certo modo, uma ponte para um desenvolvimento, que começou em fins do século passado com a psicanálise de Sigmund Freud e atingiu o auge com a atual terapia da Gestalt e suas diversas ramificações. A psicologia humanística moderna se tornou, em vários aspectos, um objetivo e fiel transmissor do conhecimento esotérico, e a abertura foi exotérica, embora muitas vezes não se desse conta disso. Entre outras coisas, a psicologia até mesmo se volta contra o esoterismo.

Seguem daqui em diante algumas indicações literárias que mostram a possibilidade de o leitor aprofundar-se na observação histórica do que acabei de expor e, se houver necessidade, também observá-la de uma outra perspectiva.

Um livro que adota um ponto de vista diferente do meu, no que se refere ao desenvolvimento histórico do esoterismo, é o de Colin Wilson, *Das Okkulte* [O ocultismo]. Sua leitura é fluente e oferece uma complementação e um contraste ao que expus, além de uma riqueza de detalhes sobre os mais diversos temas relacionados com o esoterismo.

Também como complemento e alternativa para este livro, recomendo o de Bernard Vaillant, *Westliche Einweihungslehren* [Ensinamentos ocidentais sobre iniciação], *Druiden* [Os druidas], *Gral* [O Graal], *Templer* [Os templários], *Katharer* [Os cátaros], *Rosenkreutzer* [Os rosa-cruzes], *Alchemisten* [Os alquimistas], *Freimaurer* [Os francomaçons], todos da Editora Hugendubel.

A obra padrão em língua alemã sobre a história do esoterismo foi escrita sem dúvida por Karl R. H. Frick, *Die Erleuchteten – Gnostisch-theosophische und alchemistisch-rosenkreuzerische Geheimgesellschaften bis zum Ende des 18. Jahrhunderts* [Os iluminados – Sociedades secretas gnósticas, teosóficas, alquimistas e rosacrucianas até os fins do século XVIII], e *Licht und Finsternis – Gnostisch- Theosophische und freimaurerisch-okkulte Geheimgesellschaften bis an die Wende zum 20. Jahrhundert* [Luz e Trevas – Sociedades secretas gnósticas, teosóficas e francomaçônicas até a transição para o século XX]; e o lado um tanto mais sombrio do esoterismo é esclarecido em *Das Reich Satans. Luzifer (Satan) Teufel und die Mondund Liebesgötinnen in ihren lichten un dunklen Aspekten-eine Darstellung ihrer ursprünglichen Wesenheit in Mythos und Religion* [O reino de Satã. Lúcifer (Satã) Diabo e a Deusa da lua e do amor em seus aspectos luminosos e sombrios – Uma apresentação de sua essência original nos mitos e na religião]. Esses livros são menos indicados para uma leitura contínua, mas oferecem um conteúdo informativo inesgotável sobre determinados temas e pessoas. Também se deve levar em conta que Frick, ao escrever a história do esoterismo, estava mais do que tudo interessado no ponto de vista da francomaçonaria.

Sobre as diversas épocas do tempo, Alfons Rosenberg escreveu observações detalhadas em *Durchbruch zur Zukunft* [Passagem para o futuro], da editora Turm. Para a leitura dessa obra, conhecimentos prévios de astrologia são úteis.

Sobre o tema "Pã – filho de Hermes" há bastante material em *Pan und die natürliche Angst. Über die Notwendigkeit der Alpträume für die Seele* [Pã e o medo natural. Sobre a necessidade dos pesadelos para a alma], de James Hilton. E de Rafael Lopez-Pedraza, *Hermes oder Die Schule des Schwindelns. Ein neuer Weg in der Psychotherapie* [Hermes ou A Escola do Embuste. Um novo Caminho para a Psicoterapia]. Ambos os livros foram publicados pela Editora Raben.

Com as mais recentes especulações e conhecimentos sobre o enigmático continente submerso da Atlântida, Otto Muck escreveu

Alles über Atlantis [Tudo sobre a Atlântida], da Editora Droemer-Knaur. Helmut Tributsch trouxe à baila um novo tema na discussão sobre este misterioso continente com seu livro *Die Gläserne Türme von Atlantis* [As torres vitrificadas da Atlântida]. Para ele, a Atlântida não é o continente submerso, mas sim a cultura megalítica da Europa arcaica, ainda pouco pesquisada. O livro também pode transmitir um segmento de cultura bastante importante para o esoterismo ocidental, exatamente em relação com o tema, embora não esteja de acordo com a hipótese deste autor sobre a origem da Atlântida.

O encontro com o Egito do ponto de vista esotérico é manifestado por Paul Brunton em *O Egito Secreto** que apareceu na edição de livros de Bolso da Editora Hayne nº 3048. O livro é muito recomendável, embora se possa observar que foi escrito em outra época, em que as circunstâncias políticas eram diferentes.

O livro egípcio dos mortos está na lista de livros de "Die Bibliothek der Alten Welt" ("A Biblioteca do Mundo Antigo") sob o título *Ägyptische Unterwelts-Bücher* [Livros egípcios do submundo], da Editora Artemis. Além disso, há à disposição o livro de Walter Beltz, *Die Mythen der Ägypter* [Os mitos dos egípcios], da Editora Urachhaus.

Uma possibilidade de travar conhecimento mais íntimo com o mundo das ideias de Hermes Trismegisto é oferecido por *Die XVII Bücher des Hermes Trismegistos. Neuausgabe nach der ersten deutschen Fassung von 1706* [Os 17 Livros de Hermes Trismegisto. Nova edição segundo a primeira publicação alemã de 1706], da editora Akasha.

Um guia que nos leva através do mundo grego dos deuses é Robert von Ranke-Graves com *Die Götter Griecherlands* [Os Deuses da

---

* Publicado pela Editora Pensamento, São Paulo.

Grécia], da Editora Rororo, n° 2480. Essa obra assemelha-se à de Gustav Schwabs, *Die Sagen des klassischen Altertums* [As lendas do mundo clássico antigo], embora esta disponha de comentários informativos e de uma referência às fontes. O mesmo vale para o clássico da literatura esotérica desse mesmo autor, *Die weisse Göttin* [A deusa branca] da Editora Rororo, n° 404, um livro que faz uma revisão do mundo dos deuses, abrangendo muito mais do que o círculo cultural greco-romano, incluindo também o mundo dos deuses celtas.

Quanto ao esoterismo grego, ao orfismo, a Platão e a Pitágoras, o leitor encontra capítulos bem esclarecedores em *Die grossen Eingeweihten* [Os grandes iniciados] de Eduard Schuré, da Editora O.W. Barth, coligada à Editora Scherz. Esse livro também tornou-se um clássico da literatura esotérica e transmite, do ponto de vista teosófico, além dos temas mencionados, algo sobre Rama – o círculo ariano; Krishna – a Índia e a iniciação brâmane; Hermes – Os mistérios egípcios; Moisés – a missão israelense; Jesus – a missão cristã. O livro é fácil de ler e sua leitura prende o interesse, além de apresentar muitos detalhes; no entanto, devido a sua linguagem poética, nem sempre é fácil distinguir o que é poesia do que é fato real.

Uma apresentação cientificamente fundamentada sobre Pitágoras, sua vida e ensinamentos, juntamente com as fontes onde foram obtidos, encontramos em *Die Pythagorer, Religiöse Brüderschaft und Schule der Wissenschaft* [Os pitagóricos; irmandade e escola de sabedoria], de B. L. van der Waerden (Editora Artemis).

Ainda sobre Pitágoras foi publicado o livro de Franz Carl Endres e Annemarie Schimmel, *Das Mysterium der Zahlen* [O mistério dos números].

Wasson/Ruck/Hoffmann tentaram decifrar os Mistérios de Elêusis em *Der Weg nach Eleusis. Das Geheimnis der Mysterien* [O caminho para Elêusis. O segredo dos mistérios]. Os autores tentam responder à questão de saber se a ampliação de consciência obtida nesses Mistérios de Elêusis acontecia com a ajuda de drogas semelhantes ao LSD.

Sobre o orfismo temos: *Orpheus. Altgriechische Mysterien* [Orfeu. Mistérios da Grécia antiga], publicado e interpretado por J. O. Plassmann (série Amarela da Editora Diederich). Escrevendo de um modo muito pessoal, objetivando agradar as pessoas da nossa época, Elisabeth Hämmerling apresenta *Orpheus' Wiederkehr. Der Weg des heilenden Klanges. Alte Mysterien als lebendige Erfahrung* [O retorno de Orfeu. O caminho do som curativo. Antigos mistérios como uma experiência viva], em que faz uma análise do orfismo. Este livro foi publicado pela Editora Ansata.

Sobre o círculo de temas que envolvem o cristianismo e o esoterismo temos os livros que se seguem, também compreensíveis para os não teólogos e, portanto, dignos de ser recomendados: *Esoterisches Christentum. Aspekte – Impulse – Konsequenzen* [O cristianismo esotérico: aspectos, impulsos e consequências], de Gerhard Wehr, publicado pela Editora Klett; *Die Gnosis* [A gnose] de Leisegang, da editora Kröner, que há muito tempo é considerada uma obra padrão. Quem desejar aprofundar-se no pensamento e na visão do mundo dos gnósticos, encontrará uma coleção de fontes, enriquecida com ensaios sobre determinados temas da gnose, em *Dokumente der Gnosis* [Documentos sobre a gnose] de Wolfgang Schultz (Editora Matthes & Seitz). Para a compreensão do lado esotérico do cristianismo de 1945 é importante o texto, sempre reimpresso, do *Thomas-Evangeliums* [Evangelho de Tomé] da Editora Brill. Outros Evangelhos gnósticos podem ser encontrados em *Versuchung durch Erkenntnis* [Tentativa mediante o conhecimento] de Elaine Pagels, pela Editora Insel.

Quem quiser ocupar-se com a questão das eventuais influências exercidas pelo Oriente sobre Jesus, encontra oportunidade para fazê-lo em *Jesus lebte in Indien* [Jesus viveu na Índia] de Holger Kersten, publicado na coleção de livros de bolso da Editora Knaur, n° 3712. Para aqueles particularmente interessados, é indicado *Das Leben des Appolonius von Tyanna* [A vida de Apolônio de Tiana], traduzido e interpretado nas duas línguas, a grega e a alemã, por Vroni Mumprecht (Editora Artemis).

Os celtas não deixaram testemunhos escritos. Mas um estudo muito bom sobre a arte espiritual celta foi feito por Lancelot Lengyel com base numas moedas encontradas, e apresentado em *Das geheime Wissen der Kelten* [A sabedoria secreta dos celtas], da Editora Bauer. No de Castañeda (ver página 199), o autor de *Wyrd. Der Weg eines angelsächsischen Zauberers* [Wyrd. O caminho de um mago anglo-saxão] de Brian Bates, (Livro de bolso da Editora Goldmann, n° 1280) aproxima os leitores do mundo dos celtas. Bastante recomendável também é o rico material ilustrativo apresentado em *Die keltische Welt*. [O mundo celta] de John Sharkey, pela Editora Insel.

A história da ascensão e da queda da Ordem dos Templários é descrita por John Charpentier em *Die Templer* [Os templários], Livros de bolso da Editora Ullstein, n° 39027. Louis Charpentier trata do tema visto de um lado mais fantasioso da vida dos templários, mais a gosto dos leitores, em *Macht und Geheimnis der Templer. Bundeslade, Abendländische Zivilisation, Kathedralen* [Poder e segredos dos templários. Lojas, civilização ocidental e catedrais], editado pela Companhia Editorial Pawlak. Sobre o tema dos cátaros expressou-se *Eugen Roll em Die Katharer* [Os cátaros]. Como uma espécie de clássico sobre a temática da história dos cátaros em ligação com o mito do Graal, recomendo *Kreuzzug gegen den*

Gral [Cruzada pelo Graal] de Otto Rahn (Editora para Pesquisa e Cultura da Totalidade). No que se refere aos ensinamentos esotéricos dos templários, hoje dificilmente sabemos algo com exatidão. No entanto, Arthur Schult apresenta em seu livro, *Dantes Divina Commedia als Zeugnis der Tempelritter-Esoterik* [A Divina Comédia de Dante como testemunho do esoterismo dos templários], da Editora Turm, a tese de que os ensinamentos dos templários estariam contidos na obra de Dante. A obra de Dante nunca foi posta em dúvida pela Inquisição. Se isso é verdade, fica em aberto. No entanto, o livro é especialmente indicado para se conhecer certos aspectos esotéricos do cristianismo.

No âmbito da cultura em língua alemã, a literatura sobre o mito do Graal tornou-se uma especialidade de autores cuja orientação estava voltada para a antroposofia. Isso não é nenhum demérito, mas é bom que se saiba disso, ao ler os seguintes livros: *Zum Raum ward hier die Zeit. Die Gralsgeschichte* [Esta foi a época em que o tempo virou espaço. A história do Graal] de Rudolf Meyer, pela Editora Urachhaus; *Der Gral in Europa. Wurzeln und Wirkungen* [O Graal na Europa. Raízes e efeitos] do mesmo autor, pela mesma editora. A Editora Freies Geistesleben já divulgou, em vários volumes, belas edições de textos sobre as fontes do Graal de Chrestien de Troyes e de Robert de Boron. *Die Geschichte von König Artus und den Rittern seiner Tafelrunde* [A história do Rei Artur e os Cavaleiros da Távola Redonda], de sir Thomas Malory também é fonte para o mito do Rei Artur (Editora Insel), mas talvez a pessoa adulta prefira ler primeiro a maravilhosa poesia feita sobre o tema para os jovens, por Rosemary Sutcliff, *Merlin und Artus* [Merlin e Artur] e *Galahad* [Galahad], pela Editora OGHAM. Também o épico de Wolfram von Eschenbach, *Parzival* (Persifal) pode ser lido melhor numa edição traduzida em prosa, talvez a edição mais detalhada de Wilhelm Stapel (Editora Langen Müller), ou a mais concentrada de Auguste Lechner, *Parzival. Auf der Suche nach der Gralsburg* [Parsifal. Em busca do castelo do Graal]. Uma tentativa digna de ser mencionada para decifrar os segredos do Mito do Graal é oferecido por Trevor Ravenscroft em *Der Kelch des Schicksals. Die Suche nach dem Gral* [A taça do destino. A busca do Graal], da Editora Sphinx. Um riquíssimo acervo de imagens e documentos para a busca do Graal é oferecido por John Matthew em seu livro *Der Gral* (O Graal), editado pela Editora Insel.

Sobre Paracelso, recomendo em primeiro lugar uma monografia de Ernst Kaiser, *Paracelsus* [Paracelso], em seguida, *Paracelsus – richtig gesehen* [Paracelso à luz da verdade] de G. W. Surya, pela Editora Rohm, e ainda, *Paracelsus im Märchenland. Wanderer zwischen den Welten* [Paracelso no reino das fadas. Um viajante entre mundos], de Sergius Golowin, publicado pela Editora Sphinx. Da perspectiva teosófica existe o livro *Paracelsus* [Paracelso] de Franz Hartmann, da Editora Schatzkammer.

Sobre o tema dos rosa-cruzes: *Die Bruderschaft der Rosenkreuzer, Esoterische Texte* [A irmandade rosacruciana, textos esotéricos], de Gerhard Wehr (Série Amarela da Editora Diederich), contém os três textos básicos dos rosa-cruzes; recomendo também o livro de Frances A. Yates, *Aufklärung im Zeichen des Rosenkreuzes* [Explicação sobre os sinais dos rosa-cruzes], Editora Klett-Cotta. Do ponto de vista de um teosofista, *Im Vorhof des Tempels der Weisheit, enthaltend die Geschichte der wahren und falschen Rosenkreuzer* [Acontecimentos no Templo da Sabedoria, contendo a história dos verdadeiros e dos falsos rosa-cruzes], de Franz Hartmann (ver página 121). Pessoalmente, gostei muito do livro que decifra caminhos laterais da história ocidental do esoterismo, atraentes e desconhecidos, *Hexen, Hippies, Rosenkreuzer. 500 Jahre magische Morgenlandfahrt* [Bruxas, hippies e rosa-cruzes. 500 anos de viagens mágicas ao oriente], de Sergius Golowin.

Sobre o século XVIII e suas personalidades esotéricas, Stefan Zweig escreveu um ensaio sobre Mesmer contido em *Die Heilung durch den Geist* [A cura pelo espírito] da Editora Fischer. Sobre Cagliostro, de Raymond Silva, há o livro *Die Geheimnisse des Cagliostro* [Os segredos de Cagliostro] publicado pela Editora Ariston, e quem desejar algo mais colorido, pode optar pelo romance biográfico de Alexandre Dumas, *Joseph Balsamo, gennant Graf Cagliostro. Aus den Memoiren eines Arztes* [José Balsamo, chamado conde de Cagliostro. Das memórias de um médico], publicado pela Editora Keiser. A vida misteriosa do conde de Saint-Germain foi registrada da melhor maneira possível, em forma de um romance biográfico, por Irene Tetzlaff: *Der Graf von Saint-Germain. Licht in der Finsternis* [O Conde de Saint-Germain. Luz nas trevas]. A publicação é da Editora Mellinger.

Sobre a Ordem da Aurora Dourada quase não há literatura em língua alemã. Como a Aurora Dourada representou um papel significativo na história do esoterismo e como ainda exerce sua influência, vou abandonar a minha rotina e mencionar alguns livros escritos em língua inglesa sobre o tema. Em primeiro lugar, sem sombra de dúvida, está a publicação do material geral, organizado pela ordem, no livro de Israel Regardie (ver página 130), *The Golden Dawn. An Account of the Teachings, Rites and Ceremonies of the Order of the Golden Dawn* [A Aurora Dourada. Um relatório sobre os ensinamentos, ritos e cerimônias da Ordem da Aurora Dourada], publicado por Llewellyn Publications. Está sendo preparada uma tradução em língua alemã pela Editora Hermann Bauer.

Sobre a história da Ordem existe uma pesquisa bastante famosa, muito criteriosa, mas primorosamente apresentada, de Ellic Howe, *The Magicians for the Golden Dawn. A Documental History of a Magical Order 1887-1923* [Os magos da Aurora Dourada. Um documento histórico sobre uma ordem mágica, 1887-1923] pela Editora Routledge & Kegan Paul, Londres. Como a ênfase desse livro recai sobre os acontecimentos exteriores da ordem, aconselho também, como complemento, a leitura de *What You should know about the Golden Dawn* [O que você deveria saber sobre a Aurora Dourada] de Israel Regardie (Falcon-Press, Fênix, Arizona). Um prazer muito especial nos dá a leitura de *Sword of Wisdom. MacGregor Mathers and "The Golden Dawn"* [A espada da sabedoria. MacGregor Mathers e a "Aurora Dourada"] de Ithell Colqnuhoun, pela Editora Neville Spearman, Londres. Este livro é uma amostra interessantíssima de "Quem é quem" no cenário esotérico da Inglaterra na primeira metade deste século.

Para quem quiser estudar melhor a vida de Crowley é imprescindível ler a biografia padrão de John Symonds, *Aleister Crowley. Das Tier 666. Leben und Magick* [Aleister Crowley. A Besta 666. Vida e magia], da Editora Sphinx.

Quem desejar conhecer os ensinamentos de Gurdjieff, deve dar preferência a *Auf der Suche nach den Wunderbaren. Perspektiven der Welterfahrung und der Selbsterkenntnis* [Em busca do maravilhoso. Perspectiva da experiência mundana e do autoconhecimento], de P. D. Ouspensky (Editora O. W. Barth, coligada à Editora Scherz). Trata-se de uma narrativa do trabalho de Ouspensky durante os oito anos em que foi aluno de Gurdjieff. Quem quiser ler o próprio Gurdjieff, encontrará em *Encontros com homens notáveis*, de G. I. Gurdjieff um bom início. Uma pequena sugestão: esse livro foi transformado em filme pelo diretor inglês Brooks e vale a pena assisti-lo.

PARTE B

Preâmbulo

Ao contrário do que acontecia em épocas mais antigas, atualmente o acesso às informações básicas sobre o esoterismo tornou-se consideravelmente mais fácil. O crescente interesse bem como a publicidade cada vez maior fizeram com que o número de livros sobre os mais diversos aspectos do esoterismo aumentasse bastante. Para um "iniciante" nesse ramo, tornou-se por isso mesmo muito mais difícil encontrar um caminho nessa multiplicidade de informações. Se antigamente o problema consistia em descobrir uma fonte de informação esotérica, hoje a dificuldade reside em escolher, devido à abundância de livros à disposição, aqueles que de fato se destinam a transmitir os ensinamentos necessários. Além disso, o esoterismo se ramificou em vários segmentos, todos inter-relacionados, e cada um por si representa um segmento que leva à essência do esoterismo. É impossível conhecer todos os segmentos e o conhecimento em que se fundamentam. Cada pessoa interessada pelo esoterismo, portanto, depois de dar uma vista de olhos no horizonte total, se limitará provavelmente a alguns segmentos especiais que correspondam mais aos seus interesses e ao seu temperamento. O ponto de partida às vezes é de tal modo confuso, que se terá a impressão de estar numa encruzilhada da qual partem diversos caminhos. Quem quiser percorrer cada uma das vias, somente poderá dar alguns passos em cada uma e nunca sairá do ponto de partida e, muito menos, alcançará o objetivo. Muitas pessoas cedem de bom grado a essa tentação.

A Parte B do livro quer, antes de mais nada, ajudar os principiantes. Os segmentos mais importantes do esoterismo serão descritos brevemente, para que o leitor tenha uma informação básica sobre eles. Com isso, a seleção prévia se tornará mais fácil, e o leitor saberá a qual ramo deseja ou não dedicar-se. Em todos os casos, o leitor entenderá melhor os inter-relacionamentos entre as partes e sua divisão e classificação no âmbito geral do esoterismo. É natural que a totalidade que está por trás do conceito de esoterismo não pode ser excluída. A tônica da escolha recai no esoterismo ocidental, e portanto, temas importantes como a ciência comparativa das religiões, a mitologia, o misticismo e a espiritualidade terão de ser um pouco negligenciados. Isso me parece sensato, pois quem dispuser das informações gerais apresentadas aqui, estará apto a qualquer momento para ampliar seu conhecimento em uma ou outra direção. Portanto, não é de relevância o ponto de partida, pois cada ramo está ligado à raiz e leva à origem e ao centro.

Para cada setor do conhecimento esotérico serão dadas sugestões de leitura. É natural que não tenham sido levados em consideração os critérios usados para uma bibliografia científica. Ao principiante, que quer se orientar rapidamente sobre determinado assunto, nem que seja apenas para descobrir se vale a pena dedicar-se um pouco mais ao mesmo, os livros não ajudarão muito, pois para a sua leitura e compreensão ele precisará de semanas ou meses. Foi por esse motivo que achei que um critério importante, ao escrever este livro, seria apresentar uma leitura fácil e compreensível. Além disso, os livros que indico estão à disposição do público e podem ser obtidos sem dificuldade em qualquer livraria. A época em que a sala de leitura de uma biblioteca pública quase se tornava uma moradia para esoteristas como Mathers, Waite e Papus já passou. Toda pessoa interessada em esoterismo sentirá, mais cedo ou mais tarde, o desejo de organizar para si mesma uma biblioteca básica. A bibliografia que apresento destina-se a ajudá-lo nesse mister.

O que o "mestre" tibetano da teosofista Alice A. Bailey diz sobre os textos que lhe transmitiu serve bem para explicar a lida com os livros esotéricos em geral: "Quando os livros divulgam uma verdade, que é extraída das verdades transmitidas pelos antigos mestres do mundo; quando as informações oferecidas intensificam o esforço e a vontade de servir, saindo do âmbito da mera sensação para o da percepção intuitiva compreensiva (o âmbito em que se encontram os mestres), então esses livros cumpriram sua finalidade. Quando o ensinamento oferecido encontra um eco no pensamento dos trabalhadores esclarecidos a serviço do mundo e desperta instantaneamente neles um novo conhecimento intuitivo, então esse ensinamento deve ser aceito. Caso contrário, deve-se recusá-lo. Quando as afirmações contidas no ensinamento finalmente são comprovadas como verdadeiras, ou quando se comprova sua veracidade à luz da analogia com os fatos reais, elas são certas e boas. Mas, caso isso não aconteça com alguém que está estudando, ele não deverá aceitar o que os livros afirmam."

A Astrologia

Para muitos, talvez até mesmo para a maioria, a astrologia representa a porta de entrada para o esoterismo. Isso também corresponde quase exatamente ao desenvolvimento histórico; com certeza, uma das primeiras tentativas dos homens para se arranjarem em seu ambiente cósmico foi a observação do movimento dos astros.

A astrologia se considera a representante de uma imagem holística do mundo. Segundo essa imagem, todos os acontecimentos ocorrem de acordo com as mesmas leis e a mesma ordem, às quais o universo como um todo também está sujeito. Visto desse ângulo, é lógico que a astrologia observa esses acontecimentos no macrocosmo, ou seja, na parte do cosmos que é maior do que o homem. Além disso, ela tenta tirar conclusões dessa observação, para saber o que acontece no âmbito mais restrito da vida humana.

Façamos de conta que estamos na situação da humanidade na idade arcaica, na era pré-histórica, na posição do homem que abandona sua vida de coletor e de caçador a fim de cuidar da agricultura. Era importante, para a sua própria sobrevivência, descobrir qual a época correta para a semeadura. Quando o homem dessa época se baseava unicamente em seus instintos e nas condições atmosféricas do momento, quase sempre acontecia de ele semear cedo demais e as sementes serem destruídas pela geada, ou semear tarde demais, o que trazia como consequência que a colheita não conseguia amadurecer até o outono. Em ambos os casos, a consequência imediata era a fome que ameaçava a sua vida.

Portanto, o homem teve de descobrir os meios e caminhos para determinar com certeza qual era o momento propício, no transcurso das estações, para fazer a semeadura. O homem descobriu que a trajetória dos astros que ele podia ver no céu era um meio confiável para isso. Por exemplo, depois do transcurso de um ano cósmico, o Sol, se observado da Terra, se encontra no mesmo lugar. Portanto, o homem arcaico projetou um círculo imaginário no céu que servisse de medida, o que lhe permitiu determinar exatamente a posição dos astros. Assim, ele descobriu que a linha que os unia ao Sol, quando o dia e a noite tinham a mesma duração, formava determinada constelação. Deram-lhe o nome de Áries; esse dia, atualmente o dia 21 de março, tornou-se dessa maneira o início da primavera,* época da sementeira. Como consequência da precessão dos equinócios (ver página 21), o eixo da Terra não está mais em alinhamento com Áries nessa época, mas o ângulo e a direção ainda são exatos. Na linguagem usual manteve-se a nomenclatura de Áries, mesmo que esse signo não corresponda mais à constelação astronômica com seu nome.

Toda a nossa vida, quer sejamos adeptos da astrologia ou não, é visivelmente determinada pelo modo como um astro, ao qual denominamos Sol, está acima ou abaixo do horizonte ou, referindo-nos ao decurso do ano (se o Sol se eleva, durante a fase luminosa do dia, um pouco mais ou menos sobre a linha do horizonte, pois é a partir dessa posição que são determinadas as estações do ano com suas características climáticas, que sempre exercem tão grande influência sobre a nossa vida, mesmo que seja para calcularmos as despesas com o aquecimento central ou com o vestuário.

---

* No hemisfério Norte. (N. da T.)

Acredito que seja compreensível que a humanidade estabeleça a seguinte questão: acaso outros fatores visivelmente reconhecíveis da vida humana não poderiam ser observados a partir do curso dos astros? Essa questão leva ao aparecimento da astrologia como a conhecemos hoje, exatamente um meio para entendermos a vida de cada pessoa dentro da grande organização cósmica do universo.

Isso nos leva a fazer a seguinte pergunta: a astrologia funciona no sentido mencionado? Não é fácil responder a essa pergunta, pois o que a ciência oficial exige como prova básica – a repetição da experiência nas mesmas condições – a astrologia não pode, nem quer fornecer. Ela contesta, afirmando que essa igualdade não é possível, e muito menos possível ainda pela repetição. A astrologia considera cada indivíduo como uma pessoa única, que existe apenas uma vez dessa forma, neste momento do tempo. Assim sendo, segundo o critério científico, a astrologia fica devendo à ciência essa prova. As tendências podem ser reveladas, o conhecimento empírico pode ser estatisticamente analisado. Tudo isso também aconteceu e mostrou que existe "algo de verdadeiro" na astrologia, como se costuma dizer.

Ha duas hipóteses principais que tentam demonstrar e explicar como funciona a astrologia. A primeira afirma a existência de uma influência direta, fisicamente atuante dos astros sobre a esfera da vida humana. Essa astrologia simbólica, atualmente defendida pela maioria dos astrólogos, vê o céu como uma espécie de mostrador gigantesco de um relógio cósmico, que informa a posição dos acontecimentos cíclicos aos quais cada ser humano está sujeito ao seu modo pessoal, como um indivíduo.

A outra hipótese imagina que haja uma interdependência entre o campo magnético da Terra, constantemente modificado pelo andamento dos astros, e a reação humana a essas modificações. Segundo essa hipótese, cada homem que nasce em determinada época e lugar é impregnado pela marca do campo magnético desse lugar, e essa impregnação cria um estado de tensão, constantemente em mutação, relativo ao campo magnético predominante, o que por sua vez influencia o comportamento do indivíduo. Ambas as hipóteses podem apresentar argumentos convincentes para sua tese e, provavelmente, a realidade consiste numa mescla de ambas.

Do que dissemos até aqui, fica claro que há uma grande contradição entre o que a astrologia objetiva fazer e aquilo que popularmente se entende por astrologia. A astrologia não pode prever acontecimentos, ela apenas permite declarar com que campo energético uma pessoa pode contar em determinada data, em determinado lugar. Os acontecimentos decorrentes dependem unicamente da reação da pessoa naquele momento. Essa reação também depende, no entanto, da estrutura genética herdada por essa pessoa dos seus antepassados, bem como do meio ambiente, das circunstâncias externas em que se encontra. Todos esses fatores não são dados pela astrologia. Por mais paradoxal que possa parecer para muitos, é exatamente a astrologia que lembra constantemente ao homem que ele pode agir em determinadas situações e decidi-las segundo seu livre-arbítrio.

A astrologia nada mais deseja do que fornecer indicações ao homem quando este se encontra diante de determinada decisão. Todo o resto é deixado à liberdade da decisão pessoal e, na medida em que o homem a administra, ele consegue o correspondente resultado. Quando, no entanto, um astrólogo pode prever um acontecimento exato, isso não se deve à astrologia, mas à sua intuição e à sua capacidade de percepção psicológica, com as quais ele imagina a provável reação da pessoa em questão a um determinado campo energético.

Mas, para que serve de fato a astrologia, quais as possibilidades de utilização que oferece? Respondendo à questão, sua força está em poder mostrar ao homem sua situação e esclarecê-lo na medida em que o situa dentro da visão de um grande todo cósmico (divino); portanto, a astrologia mostra as possibilidades que ele terá ou, então, seja como for, quais obstáculos dificultarão o seu caminho. Com isso, faz o que na medicina se chama de dar um diagnóstico. Porém, um diagnóstico apenas de nada serve se, de acordo com ele, não se tomarem as devidas providências. Porém, quando o diagnóstico está correto, então o médico também pode tomar as medidas acertadas a fim de dar início ao processo de cura. Por conseguinte, a astrologia dá ao homem informação sobre quais energias estarão à sua disposição em determinadas ocasiões, e qual a força e a intensidade dessas energias. Essas energias serão acrescentadas à sua disposição física. Como ciência, a astrologia leva em conta unicamente a qualidade do tempo.

O meio técnico pelo qual o astrólogo procura fundamentar suas afirmações é o horóscopo. Trata-se de um esquema semelhante a um mapa, que contém a posição dos astros considerados pela astrologia. A astrologia moderna trabalha com o astro fixo, o Sol, e com os planetas Lua, Mercúrio, Vênus, Marte, Júpiter, Saturno, Urano, Netuno, Plutão, bem como com pontos matemáticos como o Ascendente, o *Medium Coeli* (MC) e os nodos lunares. Cada signo zodiacal tem uma energia qualitativa específica, tal como cada planeta (a bem da simplicidade, também o Sol é considerado como planeta). Quando um planeta se encontra em determinado signo zodiacal, a qualidade da sua energia é acrescentada à daquele signo. Disso surge, como quando se misturam tintas, uma nova nuance.

Outras influências são acrescentadas, como as das Casas, doze setores do horóscopo que se assemelham aos diversos cenários em que se desenrolam os atos de uma peça teatral. Também os aspectos, as circunstâncias dos ângulos que os fatores do horóscopo fazem entre si, exercem uma influência importante. Seja como for, a interpretação de um horóscopo é uma tarefa muito complicada, difícil e que necessita de tempo. Há diferentes enfoques e escolas na astrologia, que muitas vezes se contradizem visivelmente. A experiência demonstrou que cada orientação astrológica pode fazer afirmações corretas, mostrando de cada vez uma técnica diferente conforme o ponto de vista adotado. Quem desejar dedicar-se ao estudo da astrologia, talvez tenha pouco tempo de sobra para lidar com os outros segmentos do esoterismo.

Provavelmente não há nenhum outro segmento do esoterismo que ofereça tanta abundância de textos como a astrologia. Eu me limitarei de preferência a recomendar o que pode ajudar os iniciantes nessa área. Isso pode fazer com que muitos livros, que parecem especialmente importantes aos amantes da astrologia, tenham de ficar sem a devida atenção por falta de espaço.

Como introdução ao âmbito da visão espiritual da astrologia recomendo *Astrosophie. Lehre der klassischen Astrologie* [Astrosofia. Ensinamento da astrologia clássica], de Arthur Schult, sem dúvida ainda uma das obras clássicas, da Editora Turm. Também é muito recomendável para iniciantes o *Lehrbuch der Astrologie* [Manual de Astrologia] de Ernst von Xylander (Editora Origo). Esses livros abordam a astrologia de um ponto de vista esotérico-espiritual.

Especialmente recomendável para principiantes é a matéria bastante complexa e também complicada de *Das Universum der*

Astrologia [O universo astrológico] de Derek e Julia Parker (Sociedade Editorial Pawlak). Esse livro não só dá as informações básicas sobre o tema, como também contém tudo o que é necessário para se calcular um horóscopo (inclusive efemérides), ou seja, tabelas com posição dos astros, que possibilitam começar as primeiras interpretações do horóscopo. Quem preferir lidar com a parte prática da astrologia, sem dar maior atenção ao conhecimento astronômico ou histórico, encontra dois bons livros: *Horoskopanalyse. Band 1: Planeten in Häusern und Zeichen. Band 2: Aspekte im Geburtsbild* [Análise de horóscopos. Vol I: Planetas nas casas e signos. Vol.II: Aspectos no mapa natal] de Claude Weiss (Edições Astrodata), e *Lehrbuch der Astrologie* [Manual de astrologia], de Gertrud Hürlimann, pela Editora Novalis. Posso dizer a mesma coisa de *Das Grosse Lehrbuch der Astrologie* [O grande manual de astrologia], de Frances Sakoian/Louis S. Acker (Livros de bolso da Editora Knaur, nº 7607).

Bastante completa é a obra em três volumes de Bernd A. Mertz, *Psychologische Astrologie* [Astrologia psicológica], publicada pela Editora Ansata.

Uma astrologia que aborda os acontecimentos exteriores encontramos na escola de Reinhold Ebertin, que partiu, por assim dizer, do método da Escola de Hamburgo (que não considera os planetas transnetunianos). Acesso a esse método temos com o livro *Einführung in die Kosmobiologie* [Introdução à cosmobiologia], de Reinhold Ebertin, bem como com o clássico *Kombination der Gestirneinflüsse* [Combinação das influências dos astros]. Ambos os livros são da Editora Ebertin.

A Escola de Hamburgo foi fundada por Alfred Witte, e ultimamente vem recuperando sua importância, usando em seu sistema planetas hipotéticos. Uma boa introdução prática a esse sistema encontramos em *Wittes Planetenbilder + Transnneptuner = Moderne Astrologie* [Signos planetários de Witte + transnetunianos = astrologia moderna], de Hermann Sporner (Editora Witte). Essa astrologia mais recente procura, desde 1980, ser reconhecida pela Psicologia Profunda; literalmente, ela busca incluir a visão de C. G. Jung em sua interpretação. Como exemplo posso citar *Kosmos und Seele. Wege zur Partnerschaft. Ein astro-psychologischer Ratgeber* [O cosmos e a alma. Caminhos para os relacionamentos. Um conselheiro astropsicológico], de Liz Greene.

Um caminho especialmente bonito para se entrar em contato com as energias astrológicas é oferecido por Louise Huber em *Die Tierkreiszeichen. Reflexionen, Meditationen* [Os signos zodiacais. Reflexões, meditações], da Editora Api. A Editora Bauer lançou fitas cassetes com música de Christian Bühner para essa finalidade. A obra principal da escola de Bruno e Louise Huber é *Lebensuhr im Horoskop* [O relógio da vida no horóscopo], também da Editora Api.

O vocabulário e o mundo dos conceitos astrológicos está contido no *Lexikon der Astrologie* [Dicionário de Astrologia], de Udo Becker (Livros de bolso da Editora Goldmann, n° 10925).

A Alquimia

Durante os últimos trezentos anos, a alquimia tornou-se generalizadamente o exemplo padronizado para dizer que tudo o que, mesmo de longe, se relacionasse com o esoterismo, nada mais era do que superstição e imaginação de mentes doentias. A alquimia era denunciada como a arte de criar ouro e aqueles que a praticavam, eram considerados, na melhor das hipóteses, como tolos, charlatães e mentirosos. É verdade que havia muitos charlatães na alquimia, mas no seu sentido direto a alquimia é a "arte real", a disciplina esotérica *par excellence* e a mais profunda tentativa para concretizar a mensagem da Tábua de Esmeralda de Hermes Trismegisto (ver página 61).

O nome alquimia (do qual também provém a palavra "química") vem do árabe *el kymia*. Essa palavra, por sua vez, tem origem na língua grega e significa "o país negro", expressão que na época era usada para mencionar o Egito. A partir disso se percebe que a alquimia é uma herdeira dos egípcios, e, no mais verdadeiro sentido da expressão, "a arte hermética".

A má fama à qual estiveram sujeitos os alquimistas por tanto tempo foi em parte culpa deles mesmos, visto que costumavam escrever seus livros e fazer suas anotações com uma escrita tão codificada que era necessário muito esforço e muita perseverança para desvendar, parcialmente, os seus segredos. Nesse sentido, devemos muito ao psicólogo C. G. Jung.

A alquimia defende a mesma tese básica de Hermes Trismegisto, ou seja, que tudo neste mundo, em última análise, é uma coisa só e que provém da mesma matéria-prima. Se essa frase for tomada como verdadeira, logo se coloca naturalmente a pergunta: por que então nosso mundo é composto das matérias e formas mais variadas, se afinal tudo se resume a uma mesma coisa? A resposta é: devido à transformação, à sublimação, à transmutação das matérias originais, ou seja, da *prima materia*.

Os alquimistas se impuseram a tarefa de decifrar o enigma da matéria. Nesse sentido, para eles era natural aquilo que a nossa física conhece há relativamente pouco tempo, ou seja, que matéria e energia são, em essência, a mesma coisa. Com isso, no entanto, se abre mais uma perspectiva: se o ouro, o mais nobre e valioso de todos os metais, originalmente provém do mesmo material que a mais ordinária e repulsiva matéria, então certamente existe um processo para transformar o que não é nobre no que o é. Além disso, essa possibilidade de transmutação não é dada apenas para a matéria palpável e visível, mas também para tudo o que for espiritual, portanto para a alma e a personalidade humanas, inclusive. Desse modo, também o homem pode elevar-se dos âmbitos inferiores do primitivismo e, mediante o processo necessário, transformar-se em "ouro"; aqui vemos uma concordância visível com o Mito de Pã e Hermes (ver página 29). Portanto, a alquimia é a técnica da iniciação cujo objetivo final é a união dos homens com sua força básica original (divina).

O ponto de partida para essa mudança (transmutação) é o chumbo alquímico representado pelo seu símbolo, Saturno, que também representa o nosso corpo. O corpo, o "caos", é dominado por relações e reflexos inconscientes; ele é um campo de jogo para as paixões e as emoções descontroladas, ou seja, o nosso lado animalesco. Mediante constantes aprimoramentos, esse chumbo é transformado em ouro. O ouro, com seu símbolo, o Sol, significa nesse contexto a grande organização cósmica. O objetivo da transmutação é a "pedra filosofal", o conhecimento da unidade que significa a iluminação. O homem separado da essência de seu Ser original encontra a unidade perdida com a pedra filosofal. A separação, a dualidade se tornam outra vez um fluxo de força da polaridade, cujo símbolo é tanto o andrógino masculino como o feminino, ou o hermafrodita. Quem possui a pedra filosofal, transforma-a em ouro, é imortal, ou seja, saudável e um com o cosmos.

O laboratório do alquimista é, portanto, um modelo do mundo no qual vivemos. Tendo em vista esse modelo, ele estuda as condições e leis que nele vigoram. As palavras de Hermes Trismegisto: "Em cima, como embaixo", também aqui têm seu valor.

Para o processo de transmutação, o alquimista precisa de três elementos, ou forças, básicos. O sal (Terra) significa, numa analogia com o corpo humano, o chumbo, ou antes, o estado fixo em que este se encontra. O mercúrio (Mercúrio) personifica um estado mais fluido da matéria, a alma, o feminino; e o enxofre (Enxofre) representa a energia vivificante, estimulante, o masculino.

A transmutação é feita através de um processo em quatro etapas. A primeira etapa é a da "separação". Esta etapa confirma que o homem é um indivíduo, um sujeito no mundo em que ele vive, e observa o outro como um oposto (objeto). Na "obra negra" é preciso que o homem se entregue, isto é, se retire do centro, o que se assemelha à experiência da morte. Depois que renuncia ao ego nessa etapa, o Eu Superior tem de abrir-se para a próxima etapa, a "obra vermelha", e aprontar-se para a ligação com as energias cósmicas.

Finalmente, na quarta etapa, o "voo do dragão", acontece a unidade mediante a união de todos os opostos. O alquimista atinge sua meta, a transformação da *prima materia* em ouro, por meio da "pedra filosofal".

Infelizmente, na língua alemã não existem livros compreensíveis sobre o tema. O mais apropriado ainda é *Die entschleierte Alchemie* [A alquimia desvelada], de Johannes Hellmond, publicado pela Editora Rohm. Outro livro que eu recomendo é *Von Wahrer Alchemie* [Da verdadeira alquimia] de Acharion, publicado na coleção Livros de bolso Esotera, da Editora Hermann Bauer. A partir de outra visão, Mircea Eliade aborda o tema em seu livro *Schmiede und Alchemisten* [Fundição e alquimistas], da Editora Klett-Cotta. Ele examina as condições e costumes ligados à indústria mineira, à metalurgia e à fundição nas épocas primordiais. Nisso ele viu certos inter-relacionamentos com a obra dos xamãs, dos iogues e dos místicos.

A Magia

A palavra magia sempre desperta diversas associações. De um lado, ela fascina e coloca cada pessoa diante da ideia de obter prazer, poder e a capacidade de praticar e de realizar algo que não é possível pelos meios convencionais. A ideia é transpor limites que são impostos pela natureza aos homens, e entrar em novos campos de experiência. De outro lado, a magia desperta o medo, o medo de ser confrontado com forças que não podem ser controladas e tornar-se vítima das mesmas. A ideia geral que a maioria das pessoas têm da magia é muito forte e está impregnada das experiências infantis com os contos de fada, repletos de bruxas más e de magos poderosos, que, nunca se sabe muito bem, tanto podem ser feiticeiros bons como maus.

A magia, como ela é entendida no esoterismo, tem um conteúdo bem diferente. C. G. Jung disse certa vez: "Mago é apenas outra palavra para psíquico." Vista desse ângulo, a magia se transforma em conhecimento para dominar e usar conscientemente as forças da alma humana. Com isso, o espectro que podemos designar como "mágico" se torna um pouco maior e bem mais natural.

Como disciplina esotérica, a magia aceita o princípio básico de que tudo no cosmos – a energia e a matéria – provém de uma energia primordial. Portanto, o ser humano é um conglomerado das mais diversas energias. Na grande maioria dos casos, no entanto, o homem comum não é capaz de usar e controlar conscientemente essas energias. Ele se vê entregue mais ou menos aleatoriamente aos estímulos, reações e emoções inconscientes.

A magia é usada para, segundo determinadas técnicas, estabelecer contato com as energias psíquicas que normalmente não são acessíveis à consciência humana, a fim de poder usar conscientemente e voluntariamente esse potencial. O meio mais propício para isso é de longe o ritual.

É provável que o homem da antiguidade cedo tenha descoberto que os estímulos dos sentidos, por meio de influências externas, mobilizam e concentram determinadas energias nos homens. Essas energias se tornam visíveis como agressividade, medo, estimulação sexual e emoções afins. Portanto, o homem primitivo esteve perto de produzir esses estímulos, ainda que artificialmente, a fim de despertar as desejadas energias. Essa é a ideia básica que subjaz ao ritual. As pinturas antigas nas paredes das cavernas, as primeiras representações que os homens fizeram dos animais, provavelmente tiveram a finalidade de inspirar à humanidade a necessária agressividade para a caça, na medida em que o homem fitava a imagem dos animais e se preparava psiquicamente para a caçada. Todos os rituais mágicos, mesmo os mais complicados, se fundamentam essencialmente no mesmo princípio. Eles servem para concentrar as forças psíquicas dos homens sob o domínio dos sentidos: ver, ouvir, experimentar, sentir, como se estivessem num cadinho. O objetivo de um ritual mágico é a ampliação da consciência. Nesse sentido o homem ultrapassa seus limites naturais.

Segundo Eliphas Lévi (ver página 111) há três regras básicas na magia:

1. A lei da vontade. A força da vontade humana é uma força real, quando ativada e utilizada de maneira correta. Ela é então efetiva como qualquer outra energia física, porém se distingue totalmente do vago "eu gostaria" que predomina na maioria

das pessoas. A força de vontade precisa então ser convenientemente treinada.
2. A lei da luz astral. Todas as coisas se compõem de uma substância básica, que é conhecida sob diversos nomes (*prima materia*, éter, Akasha, etc.). Uma vez entendido esse princípio da substância básica, a magia pode usá-lo.
3. A lei das correspondências. Essa lei se fundamenta na frase essencial do hermetismo: "Em cima, como embaixo." O homem como um microcosmo é um modelo do macrocosmo, do universo. O universo é formado pelos mesmos princípios, é transpassado e dominado pelas mesmas forças que também estão presentes em cada homem. Quando o homem entende essas leis e princípios e aprende como lidar com eles, é capaz de despertar conscientemente essas forças em si mesmo e utilizá-las segundo sua vontade.

Crowley (ver página 132) compilou o mesmo princípio, nesta fórmula: Despertar conscientemente as modificações por meio da vontade.

Com essa fórmula retira-se da magia o seu nimbo misterioso e secreto. Assim, a pretensão de obter um emprego pode tornar-se um caso de magia, quando o feiticeiro (o pretendente ao emprego) usar as fórmulas corretas de conjuração (o requerimento solicitando o emprego), a fim de evocar e dirigir as energias do receptor da maneira desejada. Para um homem no estado de cultura e conhecimento do século XVIII, um aparelho de televisão seria totalmente um fenômeno de magia.

Antigamente, a magia era algo maravilhoso, porque os pressupostos para entender seu modo de atuação em grande parte não existiam. Hoje, a moderna psicologia descobriu o essencial sobre as energias psíquicas dos homens, coisa que antigamente pertencia aos domínios da magia. Assim sendo, na psicoterapia moderna e sobretudo nas técnicas de dinâmica de grupo são usadas técnicas que se assemelham às técnicas e aos rituais da antiga magia, sem que sejam reconhecidas ou mencionadas como tal. Isso vale para as orientações desenvolvidas por Fritz Pearls e seus seguidores na Psicologia da Gestalt, bem como para diversas formas de terapia corporal e a psicossíntese de Assagioli.

Foi exatamente o moderno renascimento da antiga magia, porém sob outro nome, que nos permitiu compreender por que a magia é eficaz e, por isso mesmo, nem sempre inócua. Foi por isso que se dividiu a magia em duas direções: na magia branca, boa, e na magia negra, má. O que pertence a uma ou à outra não é tão fácil de interpretar, distinguir e decidir. Segundo um *bon mot* que circula entre os esoteristas, a magia negra é sempre a dos outros. A definição de Helena Blavatsky, de que a magia negra é o mau uso das forças espirituais para falsos objetivos, esbarra na impossibilidade de definir o que é certo ou errado em cada caso. Na minha opinião, iremos mais longe com a tese de que a magia branca está a serviço do grande todo cósmico, e por isso respeita sua unidade e harmonia. Ao contrário, a magia negra perturba essa unidade harmônica, porque ela retira partes e energias desse todo a fim de usá-los para finalidades que não correspondem à grande lei cósmica. Isso também explica por que essas energias separadas que perderam a ligação com o todo muitas vezes fogem ao controle do feiticeiro e se tornam eficazes quando atuam em outros lugares, com frequência de maneira destrutiva e de modo diferente daquele pretendido originalmente pelo mago. Não raras vezes, pode-se observar um efeito bumerangue, na medida em que as forças evocadas pelo mago não se deixam dirigir para onde este pretende, mas inesperadamente, e na maior parte das vezes de modo destrutivo, se voltam contra ele próprio. Por isso é que é tão importante entender e respeitar o grande todo cósmico e sua unidade, ou seja, saber que interagem reciprocamente.

Os rituais da Aurora Dourada, por exemplo, queriam transmitir a experiência de que o que o homem chama de deuses são personificações das forças anímicas existentes dentro do próprio ser humano. Essa experiência só pode levar à verdadeira humildade (Deus está em mim) ou à inflação do ego (eu sou Deus).

Um setor especial da magia, que desde os tempos primordiais sempre foi usado mais ou menos em segredo, é a magia sexual. Ultimamente, ela voltou novamente ao centro de interesse esotérico, na maioria das vezes sob o falso rótulo de Tantra. Portanto, acho útil e necessário explicar aqui algo sobre a magia sexual, para que o leitor fique clara e honestamente orientado quanto ao significado dessa magia, em vez de ficar sujeito a algumas vagas indicações e as suas próprias suposições.

Em princípio, foi puramente natural que o homem sempre associasse a vivência da sexualidade com o divino e o mágico. Em nenhum outro lugar como nos acontecimentos relacionados com a proliferação e a criação de uma nova vida o homem se sente tão parecido com Deus. Além disso, a excitação sexual é o tipo de excitação com a qual é mais fácil atingir uma ampliação da consciência e em que a união física se torna um dos símbolos mais naturais ou até um ritual para demonstrar a unidade das forças cósmicas.

Essa ampliação do estado de consciência pode ser alcançada por três meios: pela masturbação, pela união heterossexual ou pela união homossexual. A masturbação serve, antes de mais nada, à provocação de um estado de consciência ampliada; a prática heterossexual é encontrada em todos os ritos de fertilidade; a prática homossexual é usada nos rituais de magia que procuram alcançar a ampliação da consciência mediante a integração das forças polares opostas (por exemplo, no caso de Crowley e dos templários).

Enquanto a sexualidade for sentida e vivida na consciência dos homens de maneira tão natural e descontraída e em harmonia com o todo cósmico, não se deve condenar sua inclusão no exercício da magia. Porém, para os ocidentais esse não é mais o caso, já que fomos durante séculos doutrinados pela tradição judeu-cristã que, em princípio, considera a sexualidade divina e humana dissociadas, apesar de todas as afirmações em contrário. Nosso inconsciente ocidental coletivo foi decisivamente convencido de que uma ultrapassagem violenta dessa barreira, tal como a magia sexual exige, raras vezes acontece sem causar danos psíquicos. É nisso que reside um dos dois grandes riscos da magia sexual, e o Ocidente sempre foi alertado contra eles pelos "mestres". Como todo psicanalista pode atestar, o desvio das normas sexuais com que fomos educados durante gerações e, ainda mais, os desvios na medida e modo requeridos pela magia sexual, quer queiramos ou não, levam a sentimentos inconscientes de culpa e ao peso na consciência. Esse estado de tensão provocado por essa dualidade representa, em um bom trabalho de magia, tudo o que há de mais necessário. Por meio desse estado de tensão abre-se um canal através do qual podem entrar os fluxos de energias negativas e destrutivas. Na melhor das hipóteses, a magia sexual nada mais é do que uma rebeldia maior ou menor contra os conceitos sociais de moralidade. Também esse foi o caso de Crowley.

A magia sexual baseia-se no seguinte princípio: o homem dispõe de um enorme potencial de forças ocultas no subconsciente.

Essas energias são separadas da consciência por uma barreira e, portanto, não são facilmente acessíveis. Por meio da excitação sexual, essa barreira pode ser rompida e, durante o orgasmo, essa energia é liberada e se torna utilizável. Assim, essa energia liberada pode ser usada para várias finalidades, excluindo-se sua destinação natural para a criação de uma nova vida ou o extravasamento do sentimento de amor. Pode-se viver um estado mais elevado de consciência, pode-se fazer uma "viagem", ou essas energias podem ser usadas para outros fins, por exemplo, para adquirir bens materiais ou causar mal a alguém, até mesmo para matar outro ser humano: é claro que desde que quem realiza a magia sexual tenha êxito em desligar-se do seu sentimento no momento do orgasmo e dirigir as energias liberadas com consciência e vontade para os objetivos visados. No entanto, com esse procedimento o fluxo natural das coisas é perturbado, a sexualidade se desprende da harmonia cósmica natural, no sentido da magia negra; e isso leva, mais cedo ou mais tarde, com toda a certeza, a distúrbios psíquicos e sexuais. Esse é o segundo grande perigo da magia sexual: o fato de o efeito bumerangue acontecer com grande frequência.

Para uma introdução e uma direção sensível na essência da magia e de sua prática, recomendo bastante o livro de Ralph Tegtmeier, da editora Schangrila: *Der heilende Regenbogen. Sinnvolle Spiele, Experimente und Meditationen zum kreativen Umgang mit den geheimnisvollen Energien von Klang. Farbe und Licht* [O arco-íris e a cura. Jogos, experiências e meditações significativas para o trabalho criativo com as energias misteriosas do som, da cor e da luz]. Para um segundo aprofundamento no assunto, me parece indicado o livro, *Die hohe Schule der Magie* [A escola superior da magia], de E. M. Butler (coleção Esotera de livros de bolso, da

Editora Hermann Bauer). Quem quiser aprofundar-se ainda mais no assunto, de preferência deverá optar pelas obras de Eliphas Lévi, das quais existem as seguintes traduzidas para a língua alemã: *Tranzendentale Magie. 2 Bände: Die Geschichte der Magie* [Magia transcendental. 2 volumes: A história da magia], ambos da Editora Sphinx. E *Der Schlüssel zu den grossen Mysterien* [A chave dos grandes mistérios], da Editora Ansata. O livro que mencionei por último contém um apêndice com uma biografia de Eliphas Lévi. As obras desse autor não são fáceis de ler. O motivo reside não só no estilo enfático, um tanto difícil para o homem moderno, mas também na particularidade de Lévi não dar a devida importância às informações que aparecem quase que ocultas nas entrelinhas. No entanto, quem for persistente e não se deixar influenciar pelos avisos retóricos constantemente repetidos, encontrará nos livros de Lévi bastante conteúdo sobre o tema da magia.

Uma obra clássica em língua alemã é *Die Magie als experimentelle Naturwissenschaft* [A magia como uma ciência natural experimental], de Ludwig Staudenmaier, editado pela Akademische Verlagsgesellschaft.

Sobre o tema da magia sexual encontramos informações muito corretas e competentes no *Handbuch der Sexualmagie. Praktische Wege zum eingeweihten Umgang milt den subtilen Kräften des Sexus* [Manual de magia sexual. Caminhos práticos para iniciados na lida com as energias sutis do sexo], do Frater, V, D, Akasha-Verlagsgemeinschaft. Quanto às práticas da Aurora Dourada (ver página 126), elas pertenciam às assim chamadas viagens-Tattwa ou visualizações-Tattwa, baseadas nos símbolos para os quatro elementos usados no esoterismo oriental Tattwa. Em seu livro, *Die heilende Kraft der Elemente* [A força curativa dos elementos], publicado pela Editora Hermann Bauer, Ralph Tegtmeier apresenta uma introdução prática dessas técnicas sob o aspecto específico de sua utilização para fins terapêuticos.

A Cabala

Ao lado da astrologia, da alquimia, da magia e do tarô, a cabala representa a quinta coluna básica do esoterismo ocidental. A palavra cabala vem do verbo hebraico *qabal* ("receber"). Segundo sua essência, a cabala é a doutrina secreta esotérica do judaísmo, severamente protegida, que era transmitida "de boca em boca", portanto sem textos escritos; era ensinada aos discípulos pelos mestres na forma oral. Somente muito tempo depois, provavelmente no século XII, na Espanha, foram compilados os primeiros livros cabalísticos.

Vista como um todo, a cabala é uma cosmogonia, um ensinamento mundano, uma ciência das leis que regem o cosmos. A cabala é muito complexa e por esse motivo é dividida em várias partes. *Bereschit* (a primeira palavra hebraica do Antigo Testamento, que significa "no início") abrange a doutrina da criação e as leis que subjazem a essa criação. O texto básico dessa parte é o livro *Sepher Jezirah*. *Merkaba* (designa o carro, o veículo, no qual Deus faz chegar sua mensagem aos homens), e que cuida da Essência da Divindade e do modo como o apocalipse chegou ao conhecimento dos homens. A base da Merkaba é o livro *Sohar*. Ambas as partes juntas formam a cabala teórica.

A cabala prática é aquela à qual é dada maior atenção no esoterismo, visto que se trata da parte mágica da cabala. Essa cabala mágica forma a verdadeira doutrina secreta, e é por isso que não existem informações escritas sobre ela. Apesar disso, a cabala mágica influenciou bastante o esoterismo ocidental. Talvez um motivo importante dessa influência seja o fato de a estrutura de pensamentos e a estrutura da própria cabala mostrarem formalmente uma analogia com a teologia cristã, que na verdade também tem suas raízes na religião judaica, de tal modo que por isso mesmo o homem ocidental pode trabalhar com um conhecimento que não lhe é estranho.

O que na maior parte das vezes é designado como cabala, no uso corriqueiro da língua, é uma numerologia específica e um jogo com os números; mas esse é apenas um dos aspectos da cabala e se chama gematria. A gematria trabalha com o fato de que vinte e duas letras do alfabeto hebraico representam, ao mesmo tempo, valores numéricos. Assim sendo, a letra Aleph (A) é o sinal para o número 1, Beth (B) é o desenho para o número 2, e assim por diante. Desse modo, as palavras da Bíblia são simultaneamente valores numéricos, formados pela soma das letras-números isolados. A gematria, portanto, tenta estabelecer, no Velho Testamento, um relacionamento entre palavras com os mesmos valores numéricos a fim de interpretar assim uma informação oculta.

A base da cabala é a "Árvore da Vida", com suas dez Sephirot (manifestações de energia), cada uma das quais corresponde a uma vibração energética existente no cosmos. Ela é, como toda a cabala afirma, complexa demais para que no pouco espaço desta descrição eu possa me aprofundar em seu sentido. Portanto, prefiro indicar a literatura abaixo. Afinal, quem desejar se ocupar de modo mais profundo com o esoterismo ocidental, terá de necessariamente dedicar-se mais ao estudo da cabala, sobretudo no que se refere à "Árvore da Vida", pois caso contrário os pontos essenciais não poderão ser entendidos, ou só o serão com muita dificuldade.

Sobre a cabala, tema muito importante para o esoterismo ocidental, infelizmente não existe muita literatura na língua alemã que seja ao mesmo tempo séria e compreensível. Uma primeira introdução muito útil à "Árvore da Vida" é encontrada no livro de Alain Richardson, *Einführung in die mystische Kabbala* [Introdução à cabala mística], da Editora Sphinx. Os exercícios contidos nesse livro provêm do sistema da Ordem A Aurora Dourada.

Além deste, no segundo volume usado em minha escola de tarô tentei tornar mais claro para os homens modernos, desacostumados com o modo de pensar dos cabalistas essa complicada matéria, no livro, *Der Baum des Lebens* [A árvore da vida], publicado pela Editora Bauer. Os dois livros que citei transmitem o conhecimento necessário e básico para a continuação do estudo, pois que ele é imprescindível para a compreensão do esoterismo ocidental.

Mas, quem preferir dedicar-se à cabala e aprender mais sobre suas técnicas, deve optar pelo livro de Erich Bischoff, *Die Elemente der Kabbala* [Os elementos da cabala] da Editora Richard Schikowski. Esse livro é principalmente uma coletânea de excertos de obras cabalísticas e contém o texto completo de "Sepher Jezirah". Também encontramos esse texto da "Sepher Jezirah" no livro, *Die Kabbala* [A cabala], de Papus. Esse livro contém vasto material, mas só é recomendável para os que desejam fazer da cabala seu ramo específico de esoterismo.

No entanto, quem desejar familiarizar-se com o lado teológico da cabala, encontrará nos livros de Gershom Scholem, provavelmente tudo o que os maiores conhecedores modernos da cabala sabem, e talvez muito mais ainda e terá oportunidade de encontrar tudo de que precisa para conhecer a cabala mística e religiosa; contudo, não há quase nada, ou praticamente nada, sobre a cabala mágica. Para começar, recomendo dois títulos: *Zur Kabbala und ihrer Symbolik* [Da cabala e de seu simbolismo] e *Die Jüdische Mystik in ihren Hauptströmungen* [A mística judaica e suas principais correntes], ambos da Editora Suhrkamp. Como orientação sobre a cabala prática e sua magia pode servir o material publicado por Israel Regardie, pertencente à Aurora Dourada (ver páginas 126 e seguintes e 132). Há um texto completo do *Buchs Sohar* [Livro de Sohar] que ainda não apareceu numa tradução em língua alemã. Organizado segundo os temas e, portanto, contendo resumos tirados dos inter-relacionamentos, podemos ler *Der Sohar – Das heilige Buch der Kabbala* [O Sohar – o livro sagrado da cabala], conforme o texto original publicado por Ernst Müller (Editora Diederich).

O Tarô

Cada âmbito cultural humano (os teosofistas chamavam isso de "raças", uma expressão que é demasiadamente forte para poder continuar sendo usada) tem em seu próprio caminho esotérico um sistema específico. Embora cada caminho comece de um ponto de partida diferente, todos levam ao mesmo objetivo. Cada caminho é adequado às características individuais das determinadas culturas. Esses caminhos são denominados, no esoterismo ocidental, de Caminhos da ioga. O caminho da ioga ocidental se baseia predominantemente no tarô e na cabala.

Hoje em dia, o tarô é principalmente conhecido na forma de jogo de cartas, embora este tenha sido um aparecimento posterior, degenerado, e é assim que deve ser considerado. Um desses jogos de tarô, também chamado de Baralho de Tarô, compõe-se de setenta e oito cartas. Estas, por sua vez, são divididas em vinte e dois Arcanos maiores (Segredos) e cinquenta e seis Arcanos menores. É bastante óbvio que os nossos baralhos, isto é, os baralhos usados atualmente, se desenvolveram a partir dos Arcanos Menores.

A essência do Tarô baseia-se nas imagens tais como estão contidas correspondentemente no inconsciente humano. As imagens representam uma linguagem arcaica do inconsciente, originada em suas camadas mais profundas; e exatamente essas imagens foram novamente reveladas pelas cartas do tarô. Cada imagem do tarô contém dois níveis: um deles expressa uma informação objetiva, que corresponde ao tesouro da experiência coletiva do homem ocidental; e o outro está relacionado às imagens que se prestam para liberar as correspondentes energias no inconsciente do observador das cartas. Esse é o lado mágico do tarô.

A origem do tarô não foi esclarecida, e há diversas hipóteses sobre o fato. Como o tarô apareceu na Europa, juntamente com o advento dos ciganos, muitas vezes ele é associado com esse misterioso povo nômade. Devido a essa associação, muitas vezes deixa-se de ver que o simbolismo imagético do tarô já existia antes do surgimento dos ciganos, ainda que não como jogo de cartas. Uma das hipóteses afirma que os vinte e dois Arcanos Maiores existiram certa vez como imagens gravadas nas paredes dos templos de Mênfis e que eles representavam um papel de importância nas iniciações egípcias.

A tese defendida por Sergius Golowin também me parece plausível: ele diz que o tarô foi o cabedal de conhecimento esotérico de um povo dos vales das montanhas do Himalaia que, em consequência de uma catástrofe política, foi forçado a emigrar, vindo a surgir como o povo cigano na área da Europa Ocidental.

O nome esotérico do tarô significa "Livro de Thoth", tirado do deus egípcio da ciência e da magia. Com isso se expressa que no tarô está contido todo o conhecimento do mundo, todas as leis válidas no cosmos. Os Arcanos Menores do tarô contêm quarenta cartas numéricas e dezesseis cartas da corte. As cartas numéricas representam qualidades energéticas objetivas, e as cartas da corte designam o local a partir do qual essas qualidades energéticas atuam. Os vinte e dois Arcanos Maiores expressam as experiências subjetivas do homem isolado ou da humanidade vista como um todo, ao lidar com essas qualidades energéticas. Podemos lidar com o tarô de modo puramente intelectual, na medida em que tentarmos interpretar o simbolismo das suas imagens, ou podemos deixá-las atuar intuitivamente sobre o inconsciente, onde então serão liberadas as correspondentes energias ali existentes.

Popularmente, o tarô é utilizado de modo predominante para fins adivinhatórios, utilização de fato possível, mas que apenas usa uma parte minúscula do seu conteúdo, que na realidade pode ser usado de maneira mais abrangente. Certamente os leitores compreenderão que eu recomende primeiro os meus próprios livros, pois se eu não estivesse convencido de que eles cumprem sua finalidade, nunca os teria escrito. Nos três volumes do meu livro *Schule des Tarot* (Escola de tarô) pela Editora Hermann Bauer, eu tentei fornecer uma introdução apropriada para principiantes, além de fazer uma apresentação do conhecimento esotérico básico ocidental. O primeiro volume, *Das Rad des Lebens* [A roda da vida], é dedicado aos Arcanos Maiores. O segundo volume, *Der Baum des Lebens* [A árvore da vida], mostra a ligação do tarô com a cabala e, ao mesmo tempo, apresenta uma introdução à árvore cabalística da vida (ver página 179).

Já o terceiro volume, *Das Spiel des Lebens* [O jogo da vida], ocupa-se com o uso prático do tarô para adivinhações.

Quem não precisar de uma leitura tão completa, mas estiver apenas à procura de um tipo mais lúdico de primeiro contato com o tarô, vai encontrar o que quer em *Tarot – Spiegel des Lebens* [O tarô – espelho da vida], de Andrea Zeugner (Editora Urania). Por trás desse pseudônimo se oculta um homem tão brincalhão quanto sábio (Mario Montano), em quem podemos confiar despreocupadamente.

Um livro de alto nível é *Die Psychologie des Tarot. Tarot als Weg zur Selbsterkenntnis nach der Archetypenlehre C. G. Jungs* [Jung e o tarô], de Sallie Nichols (publicado pela Editora Cultrix). Infelizmente, a autora recai no perigo que correm quase todos os autores que lidam com o tarô, da perspectiva da psicologia junguiana. Ela não contempla as imagens, mas sim os conceitos que foram atribuídos posteriormente como um nome às imagens. O tarô, no entanto, em sua essência é pura imagem e é assim que deve ser visto: apenas como pura imagem. Se por exemplo a figura 0, que recebeu o nome de "O Bobo", realmente contém o arquétipo do tolo no sentido junguiano, trata-se de algo a respeito do qual podemos ter as opiniões mais divergentes. Mas o que não deve acontecer é manter nossa visão voltada apenas para o nome e o conceito da carta, esquecendo de perceber o que de fato a imagem representa.

O segundo plano dos motivos históricos do tarô e seus intrincados caminhos na associação feita com os ciganos, é mencionado por Sergius Golowin em *Die Welt des Tarot. Geheimnis und Lehre der 78 Karten der Zigeuner* [O mundo do tarô. Segredos e ensinamentos das 78 cartas dos ciganos]. O livro foi publicado pela Editora Sphinx. Nesse contexto também tenho de mencionar o livro de Ralph Tegtmeier, *Tarot. Geschichte eines Schicksalsspiels* (Tarô. História de um jogo do destino), publicado na coleção de livros de bolso da Editora Dumont. Esse livro contém inúmeras ilustrações de diversos baralhos de tarô.

O tarô como caminho esotérico de iniciação pode ser encontrado no livro de Woldemar von Uexküll, *Die Einweihung imalten Ägypten nach dem Buch Toth* [A iniciação no antigo Egito segundo o Livro de Toth], da Editora Schwab. Quem desejar se dedicar ainda mais intensamente a esse lado do tarô, deve usar as três gravações da minha *Tarot-Meditation* [Meditação do tarô]. A música é de Christian Bühner e Ralph Daeschler que tentaram reabrir o outro caminho para o tarô, aquele que, devido à ênfase dada ao tarô divinatório, quase foi esquecido.

Existem muitos baralhos de tarô, todos bem diferentes. Nossa escolha por determinado baralho depende, em grande parte, da preferência pessoal. Para o principiante, é mais apropriado o baralho de A. E. Waite (ver página 130) que além de ser o mais conhecido, é aquele sobre o qual se dispõe de mais literatura.

A Teosofia e a Antroposofia

O conceito "teosofia" significa, traduzido literalmente, "sabedoria divina" e, quanto ao sentido, talvez "conhecimento de Deus". Hoje essa expressão é usada em relação à teosofia de Helena Blavatsky (ver página 115) e algumas correntes que se desenvolveram a partir dela, como por exemplo a teosofia de Alice A. Bailey e sua escola Arcana. Entretanto, o conceito em si é muito antigo. Por teosofia são designadas todas as correntes espiritualistas que afirmam que é possível estabelecer um contato direto com o divino, por meio da iluminação ou do conhecimento direto. Com isso, a teosofia se torna o polo oposto da religiosidade eclesiástica, que precisa de um intermediário entre Deus e o homem ou de alguma outra espécie de intermediação (visto por esse ângulo, o esoterismo pode ser compreendido como teosofia). O conhecido esoterista Franz Hartmann (1838-1912) definiu a teosofia como o "autoconhecimento do verdadeiro, o autoconhecimento de Deus nos homens; ela é a revelação da verdade no próprio interior dos homens, quando o homem alcança a verdadeira autoconsciência inata em sua natureza mais elevada".

Eu uso a palavra teosofia também para designar a teosofia especial de Helena Blavatsky e seus sucessores. Como já mencionei Helena Blavatsky e sua sociedade teosófica, renuncio aqui a uma maior exposição. Na segunda metade do século XX, a teosofia já não é tão significativa na Alemanha, ao menos não tanto quanto antes. Ela foi amplamente substituída pela antroposofia de Rudolf Steiner.

Rudolf Steiner nasceu em 1861 na Croácia, que naquela ocasião pertencia à Alemanha. Ele era excepcionalmente bem dotado. Tinha uma inteligência brilhante e uma cultura geral lendária, a que eram acrescidas sua sensibilidade e um abrangente conhecimento esotérico. Creio que se pode colocar Steiner, juntamente com Pitágoras e Paracelso, como personalidades de fato marcadas pela genialidade no âmbito esotérico. Com 21 anos de idade, Steiner foi chamado pelo Arquivo de Goethe em Weimar a fim de cuidar dos escritos científicos desse escritor para uma publicação completa: isso foi decisivo para a vida e o posterior desenvolvimento espiritual de Steiner. Goethe se tornou para ele, em todos os sentidos, um critério para a espiritualidade na visão do mundo (no sentido esotérico).

Em Berlim, Steiner se filiou à teosofia. Quando Annie Besant (ver página 124), pela qual Steiner foi bastante influenciado, abriu uma seção da Sociedade Teosófica na Alemanha, Steiner tornou-se seu secretário. A teosofia de Helena Blavatsky e de Annie Besant é uma das fontes espirituais de Rudolf Steiner. Ele pertencia à SE (Seção Esotérica), uma espécie de ordem dentro da Sociedade Teosófica. Essa fonte provocou um dos seus escritos mais conhecidos: *Wie erlangt man Enkenntnisse höherer Welten?* [Como adquirimos o conhecimento de mundos superiores?]

A outra fonte espiritual de Steiner é omitida na maior parte das apresentações antroposóficas. De 1905 até por volta de 1914, Rudolf também era membro da Ordem O.T.O. – Orden der Orientalischen Templer [Ordem dos Templários Orientais]. Essa ordem foi fundada por um industrial alemão, Karl Kellner. Kellner viajava bastante, e desse modo conheceu vários grupos esotéricos; diz-se que ele foi iniciado no Oriente em segredos da magia negra. Uma especialidade dessa ordem era (e por certo ainda é) a magia sexual, praticada pelos membros de grau mais elevado. Na história do esoterismo, essa ordem tornou-se conhecida principalmente por meio de Crowley (ver página 132), que, depois de ser excluído da Aurora Dourada, usurpou praticamente as anotações inglesas a fim de usá-las para seus próprios ensinamentos. No entanto, não se deve interpretar isso como se Steiner tivesse sido um dos adeptos de Crowley. Menciono essas particularidades biográficas apenas para mostrar que Steiner estava muito mais ligado à tradição do esoterismo clássico do que pretende a antroposofia oficial.

Steiner reconheceu, com sua visão aguçada, que não pode existir um esoterismo geral igualmente válido para todos os círculos culturais, como pretende a Teosofia Adyar. Assim sendo, ele não acompanhou a crescente tendência da teosofia para as religiões orientais, substituindo em seus escritos os conceitos orientais pelos conceitos existentes na língua alemã. Por exemplo, ele substituiu força-kundalini por força de percepção espiritual, uma condução incorreta. Quando Annie Besant proclamou que o jovem Krishnamurti era uma nova reencarnação de Cristo (ver página 124), Steiner separou-se da Teosofia Adyar e, com ele, noventa por cento dos membros da Sociedade Teosófica alemã.

Steiner continuou seu caminho espiritual denominando-o a partir desse momento de antroposofia (do grego *anthropos*: "ser humano"), um nome oposto ao da teosofia. Ao mesmo tempo, ele desenvolveu a antroposofia cada vez mais no rumo de uma espécie de comunidade religiosa, com todos os sinais de uma formação religiosa. Seus adeptos construíram o *Goetheanum*, uma "catedral" para Steiner em Dornach, na Suíça, como um centro para o movimento antroposófico. Esse Goetheanum foi destruído por um incêndio em 1922 mas, depois da morte de Steiner em 1925, foi reconstruído em concreto.

A antroposofia foi idealizada como o movimento esotérico para o século XX. O fato de não cumprir sua primeira pretensão tem vários motivos. O próprio Steiner era da cabeça aos pés um homem do século XIX, impregnado pelo seu conceito científico, que, ao contrário dos esoteristas atuais, ele não punha em dúvida mas pretendia completar. (A mesma circunstância pode ainda, e com mais facilidade, ser verificada na teosofia. O século XIX de fato só terminou com a I Grande Guerra Mundial, portanto pouco antes da morte de Steiner, e afinal, os contornos e as exigências próprios do século XX só se tornaram visíveis a partir da II Guerra Mundial. Esse desenvolvimento nunca foi completado pela antroposofia. Ela se isolou medrosamente; literalmente, ela se "petrificou". Postumamente, Steiner se transformou cada vez mais num pastor da igreja, que é a última autoridade em que se pode confiar. Para as grandes exigências do século XX – como a tecnologia moderna, a mídia de massa e a informática – os antroposofistas não encontraram nenhuma resposta. A antroposofia ainda é o ideal do burguês culto alemão, com a clássica Weimar no centro, obrigada a personificar o tipo que o próprio Steiner encarnava em mais alto grau, mas que apenas sobreviveu à II Guerra Mundial.

Por outro lado, Steiner reconheceu, entre poucas pessoas, que o esoterismo só passa a ter um sentido quando se obtém resultados na vida prática. Ao contrário da teosofia, que se compreende de preferência como uma filosofia abrangente das religiões mundiais, Steiner tentou integrar o esoterismo na vida prática cotidiana. Não houve âmbito da nossa cultura e sociedade ocidental que Steiner não tentasse permear com o espírito da antroposofia (entendida como esoterismo), incluindo, por exemplo, a pedagogia, a doutrina social, a política rural, a medicina, etc. Essa oportunidade e tarefa se oferecem para a antroposofia em nossa época tão intensamente perturbada no que se refere à vida social, científica, política e ecológica, se ela decidir-se a sair de sua torre de concreto armado.

O livro clássico da teosofia é por certo *Dïe Geheimlehre* [*A doutrina secreta*], de Helena Blavatsky. A leitura da obra inteira é difícil de imaginar. Também os teosofistas sabem disso e, por isso mesmo, lançaram diversas edições resumidas. Entre elas há uma compreensível da Editora Adhyar, em Graz, e outra ainda mais curta da Editora Schikowski, de Berlim. Como introduções à visão teosófica do mundo e do pensamento teosófico, são essencialmente mais resumidos e ricos o livro *Leitfaden zur okkulten Weisheit* [Linha demarcatória para a sabedoria oculta], de Anna Kennedy

Winner, e o livro de Annie Besant, *Uralte Weisheit* [A sabedoria primordial], ambos publicados pela Editora F. Hirthammer. Quem sentir atração pela teosofia e quiser estudar seu conteúdo mais a fundo, descobrirá um meio notável para fazê-lo nos três volumes de *Das theosophische Weltbild* [A visão teosófica do mundo], organizado e publicado por Beatrice Fleming (Editora F. Hirthammer). Além desse livro, há o *Grosser Theosophischer Katechismus. Grundlegende Gesamtdarstellung der theosophischen Weltanschauung in Frage und Antwort* [Grande catecismo teosófico. Apresentação básica da visão teosófica do mundo em forma de questionário], em dois volumes, e *Das Theosophische Leben – Eine Anregung zur theosophischen Lebensgestaltung* [A vida teosófica – um estímulo para a formação da vida teosófica], ambos de Johannes Fährmann (Editora Schatzkammer).

Uma boa e legível apresentação da antroposofia abrangendo todo o seu espectro é dada por Peter Brüge em: *Die Anthroposophen; Waldorfschulen, Biodynamischer Landbau, Ganzheitsmedizin, Kosmische Heilslehre* [Os teosofistas; Escolas Waldorf, construção biodinâmica de casas, medicina integral, ensinamentos sobre cura cósmica]. O livro pertence à coleção de Livros de bolso da Editora Rowohlt. O texto desse livro apareceu em série, na revista ilustrada *Der Spiegel*, e sua abordagem da antroposofia é "crítica, embora não destituída de certa simpatia". Além desse livro, há o de Gerhard Wehr, *Der innere Weg* [O caminho interior], da Editora Rowohlt.

Como biografia de Steiner, recomendo a de Colin Wilson, *Rudolf Steiner, Verkünder eines neuen Welt- und Menschenbildes* [Rudolf Steiner, arauto de uma nova visão do mundo e dos seres humanos], da Editora Heyne. A leitura do livro é agradável e, além disso, ele oferece uma visão do ambiente espiritual do final do século XIX, do qual Steiner veio. Quem desejar se inteirar da obra deixada por Steiner, que é muito rica, deve iniciar de preferência com *Theosophie; Wie erlangt man Erkenntnis höheren Welten* [Teosofia: como se consegue o conhecimento de mundos superiores] e *Die Geheimwissenschaft im Umriss* [Os contornos da Doutrina Secreta]. Ambos os livros foram publicados na coleção de livros de bolso da Editora Rudolf Steiner.

Reencarnação e Karma

Reencarnação (renascimento) e karma são temas afins. Ambos os conceitos dependem um do outro, e nenhum deles tem sentido sem o outro. O ensinamento acerca do renascimento é a consequência imprescindível das teses a respeito da visão esotérica do mundo. Se tudo se desenrola ciclicamente no universo (ver página 122 "Três teses básicas"), então também o homem está sujeito à lei dos ciclos, de tal modo que sua vida, de acordo com a máxima hermética: "em cima, como embaixo", tem de decorrer no ritmo dos fluxos das marés cheia e vazante, da alternância entre dia e noite, dos estados desperto e adormecido. A crença na repetida volta da alma humana também é, com certeza, a mais conhecida visão sobre o que acontece depois da morte.

    O filósofo Schopenhauer disse certa vez: "A Europa é a parte do mundo onde não se acredita na reencarnação." Ele estava enganado. Também no esoterismo ocidental o ensinamento da reencarnação faz parte natural do seu contexto. Pitágoras ensinou a teoria da reencarnação e Platão também a adotou.

    No Oriente, por certo, ela não foi adotada somente no contexto do esoterismo, mas também no do exoterismo. A consequência desse fato é que o ensinamento da reencarnação e do karma foi, em grande parte, falsificado e se corrompeu, destino ao qual, infelizmente, estão sujeitas as doutrinas e a sabedoria, quando estas se afastam do âmbito esotérico.

A doutrina da reencarnação adota a visão de que o homem se compõe de duas partes: uma individualidade constante e imortal e uma personalidade sempre em mutação. A individualidade é talvez a centelha do absoluto, a superalma, que existe em todas as pessoas, e que sempre torna a encarnar em novas personalidades, totalmente diferentes umas das outras. (Reencarnação significa tornar-se carne outra vez, portanto, uma nova materialização.) A individualidade tem, pois, a tarefa de estabelecer o contato com a personalidade em que estiver encarnada no momento, e de ligar-se a ela da maneira mais criativa e construtiva possível, para que aquilo que trouxe consigo da última encarnação, de certo modo no sentido alquimista, o "capital", seja melhorado e aperfeiçoado. Jesus apresentou esse processo, de modo muito adequado, na comparação dos talentos que lhe foram confiados (Mateus 25:14-30).

A doutrina da reencarnação considera a vida humana, *latu sensu*, através de todas as encarnações, como um prolongado processo de aprendizado, como uma evolução para a obtenção de algo maior e mais elevado (comparar com Pã-Hermes-Cristo, página 49).

Os que estiverem familiarizados com a psicologia de C. G. Jung e com a psicologia humanística, também encontrarão aqui paralelos para esses conceitos, como individuação ou autodescoberta. A vida humana em cada encarnação se assemelha a um ano escolar, no qual se tem de atingir um determinado objetivo de aprendizado.

A palavra karma tem sua origem no sânscrito, e significa "fazer, atuar". A doutrina do karma se fundamenta na tese esotérica básica de que tudo no cosmos é energia. Como, segundo a física, a energia não pode ser destruída, mas apenas transformada em outras formas, isso significa, para os nossos fins, que nada do que o homem faz, pensa ou fala, se perde, mas fica retido no cosmos como uma manifestação energética. Quando um homem morre, essas manifestações energéticas da encarnação que ele acabou de encerrar ainda podem continuar atuando durante certo tempo. Quando a individualidade humana, posteriormente, se encarna outra vez numa nova personalidade, ela é confrontada com esses efeitos restantes (karma) de sua vida anterior na Terra. Ela recebe a oportunidade de retomar as coisas que naquela ocasião não estavam em ordem e, de acordo com o grau de conhecimento que tiver então, terá a oportunidade de organizá-las, na medida em que as neutraliza e restabelece a harmonia cósmica ou as transforma em outras coisas, numa nova forma. Na linguagem esotérica, as manifestações restantes de energia de vidas anteriores são chamadas de "Guardiães do Limiar" ou de "Habitantes do Limiar", pois o limiar de uma esfera mais elevada só pode ser transposto pela individualidade quando o karma da esfera em que se encontra atualmente for esgotado e a ordem for recuperada.

 Nesse contexto, devemos evitar encarar o karma e a reencarnação do ponto de vista da culpa e do castigo. Muito mais apropriada é a imagem da organização de tudo aquilo que ainda não está em ordem. Impedimentos e golpes do destino de todos os tipos, portanto, não são uma compensação para erros kármicos anteriores, segundo o princípio "olho por olho, dente por dente". Quando esses golpes são de natureza kármica, então eles somente têm a finalidade de colocar a individualidade humana na circunstância mais favorável possível para que ela possa dominar o karma. Também é inadequado ficar se recordando, ou tentando levar vantagem, de eventuais vidas passadas. Se se foi uma princesa ou um mendigo, essas personalidades terminaram e para esta encarnação não têm importância alguma. O que conta é a manifestação energética da encarnação anterior, o karma dessa encarnação anterior. Quem ficar gastando energia com o sentimento de ter sido alguma vez um poderoso rei faria melhor se se perguntasse por que sua personalidade atual é a de um modesto empregado.

Muitas vezes nos fazemos a seguinte pergunta: por que, via de regra, nos esquecemos de nossas encarnações anteriores? Seria muito mais fácil esgotar o karma se soubéssemos o que fizemos de errado antes. Para isso, só há uma resposta: Exatamente por isso! O ser humano tem de ser posto diante dos mesmos problemas, sem ter nenhuma lembrança anterior de como lidou com eles. Se então o karma é purificado, isso se deve à conquista de um estado de consciência mais elevado, e não a uma reação irrefletida que não traz consigo nenhuma melhoria.

A pergunta que se faz, de saber se ocorre uma troca de sexo entre as encarnações isoladas, ou se a troca de polaridade só ocorre de um determinado nível de evolução para outro, como por exemplo, do reino animal para o reino humano, ou deste para o reino hierarquicamente superior, é respondida de diversas maneiras pelos esoteristas. As experiências feitas pela terapia da reencarnação se inclinam mais para a segunda hipótese. No esoterismo ocidental, a queda para uma etapa inferior de evolução, para o mundo animal, por exemplo, só é possível em raríssimas exceções e, ainda assim, em situações limítrofes – por exemplo, quando uma individualidade acabou de viver sua primeira encarnação no reino humano (ver página 44). A doutrina exotérica oriental da reencarnação vê tudo isso apenas como uma medida punitiva.

Ao que parece, atualmente, a crença na reencarnação está ganhando força no Ocidente. Quando, há alguns anos atrás, a edição de domingo de um jornal inglês apresentou um questionário aos seus leitores sobre o tema "A vida depois da morte", a maioria dos leitores se mostrou a favor da reencarnação, ao contrário da visão eclesiástica até então predominante. No entanto, o que a maioria das pessoas desconhece é que a reencarnação fazia parte também do cristianismo há vários séculos e que somente no Concílio de Constantinopla, no ano de 553, ela foi eliminada por uma margem mínima de votos. O motivo desse fato está claro: a sociedade de consumo e a ideia da reencarnação não se dão muito bem. Nosso sistema social ocidental, quer orientado para o capitalismo ou para o marxismo, se fundamenta totalmente na crença de que a vida não se repete. O que você não conseguir alcançar nesta vida, nunca mais alcançará. Portanto, trabalhe e conquiste.

A doutrina da reencarnação é muito mais abrangente. O que eu não conseguir fazer agora, mais tarde terei a oportunidade de realizar. Eu tenho tempo. Se essa visão levar a melhor – o que parece hoje bastante provável – então o nosso crescimento social no Ocidente, baseado no constante crescimento da sociedade de consumo, perde um importante fundamento espiritual. Que medidas inquisitoriais determinem as forças da sociedade me parece bem possível, e nesse caso uma mudança de raciocínio acarretará uma vida generalizadamente mais sensata.

Visto que a reencarnação é um tema central do esoterismo, existem inúmeros livros sobre o assunto; nem todos têm o mesmo valor, e muitos se esgotam devido à busca ávida por sensações por parte dos leitores, sem levar em consideração o desenvolvimento humano. As dúvidas que surgem são importantes, pois das respostas encontradas dependerá o tipo de decisão a ser tomado pelo leitor, o que irá determinar o seu caminho de vida, que será de um ou de outro modo. É por isso que considero de máxima importância que cada pessoa que deseje dedicar-se profundamente ao esoterismo, responda por si mesma essa questão. A resposta não tem necessariamente de ser sempre a mesma. Ela dependerá de cada fase do desenvolvimento ou da idade da pessoa. Quem se faz essa pergunta pela primeira vez, deve escolher um interlocutor que se dedica e aceita a teoria da reencarnação, como Jürgen vom Scheidt, que escreveu *Wiedergeburt. Geheimnis der Jahrtausende* [O renascimento. Um segredo de milênios], publicado pela Editora Heyne, da coleção de livros de bolso, nº 7200. Também acho muito recomendável o livro de Christmas Humphreys, *Karma und Wiedergeburt. Die Schicksalsstufen des Menschen als Weg zu seiner Vollendung und Vollkommenheit* [Carma e renascimento. As etapas do destino humano como caminho para sua complementação e perfeição], da Editora Scherz.

Ian Stevenson fez uma longa e minuciosa pesquisa sobre o tema em seu livro, *Reinkarnation. Der Mensch im Wandel von Tod und Wiedergeburt* [A reencarnação. O homem na transformação da morte e do renascimento], da Editora Aurum. Ele descreve vinte casos em que, segundo a sua visão, a reencarnação pôde ser comprovada.

Quem quiser eliminar os conflitos surgidos quanto ao tema devido a sua fé cristã, encontra farto e estimulante material e várias informações no livro, publicado na virada do século, de autoria de James Morgan Pryse, *Reinkarnation im Neuen Testament* [A reencarnação no Novo Testamento], da Editora Ansat. Esse pequeno volume foi reeditado, cuidadosa e carinhosamente, por Agnes Klein. Um livro mais antigo que também foi remodelado, faz parte da coleção de livros de bolso da Editora Fischer, *"Perspektiven der Anthroposophie"* [Perspectivas da Antroposofia], e foi escrito por

Rudolf Frieling, é *Christentum und Wiederverkörperung* [A cristandade e a reencarnação]. Da mesma coleção, há um livro de Emil Bock, um teólogo antroposofista que trata do tema da perspectiva histórico-espiritual: *Wiederholte Erdenleven. Die Wiederverkörperungsidee der deutschen Geistesgeschichte* [Vidas terrenas repetidas. A ideia da reencarnação na história espiritual alemã], publicado na coleção de livros de bolso da Editora Fischer, nº 5506.

O aspecto relativo às ciências naturais é abordado por Werner Traumann em *Naturwissenschaftler bestätigen Re-Inkarnation. Fakten und Denkmodelle* [Cientistas naturais confirmam a reencarnação. Fatos e modelos para reflexão], da Editora Walter. Além disso, recomendo também *Wiedergeburt und Heilung* [Renascimento e cura], de Joan Grant e Denys Kelsey, da Editora Sven Erik Bergh. Esse livro mostra, sobretudo, os inter-relacionamentos que existem, segundo os autores, entre a doença e as vidas anteriores.

Embora como autor ele tenha, no que se refere a essa temática, progredido de modos diferenciados, os dois livros de Thorwald Dethlefsen, *Das Leben nach dem Leben. Gespräche mit Wiedergeborenen* [A vida após a vida. Conversas com reencarnados], da Editora Goldmann – coleção de livros de bolso, nº 11478 –, e *Das Erlebnis der Wiedergeburt* [A regressão a vidas passadas, da Editora Cultrix], valem a pena ser lidos.

O Simbolismo

Os símbolos constituem a linguagem esotérica. Isso pouco tem a ver com segredos, assuntos misteriosos e exclusividade, e muito mais relação com as energias do psiquismo humano, que pode ser despertado e reencontrado por meio dos estímulos sensoriais. As imagens são a mais antiga linguagem e elas são interpretadas por nosso inconsciente. O fato se torna especialmente visível quando das profundezas do inconsciente surgem imagens que contêm uma mensagem da alma.

O sonho foi levado a sério outra vez há relativamente pouco tempo pela psicanálise e pela psicologia profunda (o livro de Freud que rompeu o encantamento, *A interpretação dos sonhos*, foi publicado em 1899); no entanto, a descoberta de Freud foi, em princípio, apenas uma redescoberta de algo que os homens das épocas primitivas já conheciam. Eles davam ao sonho maior importância do que a nossa atual geração. As pinturas primitivas nas cavernas continham representações de animais: a ciência pressupõe que essas pinturas eram usadas para preparar os homens para a caçada. Os caçadores punham-se a observar as imagens já disponíveis da esperada presa para superar o medo ou então para mobilizar as energias agressivas. No entanto, era tecnicamente impossível criar imagens sempre e por toda parte. Assim, o homem descobriu que representações bem simples, reduzidas ao essencial, cumpriam a mesma finalidade, se ele soubesse o que a imagem queria representar e projetasse nela as próprias energias. C. G. Jung partiu do fato de que essas projeções e experiências, depois de um longo tempo, se transformaram num bem comum da psique humana, um bem do inconsciente coletivo, como ele o denominava. Portanto, das profundezas de nossa alma todos nós sempre reagimos da mesma maneira que nossos arcaicos antepassados reagiam, mesmo que não estejamos conscientes do que os signos reduzidos de fato representam. Uma dessas reduções, distanciamento e síntese das imagens originais é chamada de símbolo (do grego, *symballein*: "juntar"), e esse também é seu sinal próprio, enquanto a imagem intacta, completa é antes designada como uma alegoria.

No esoterismo, os símbolos não são apenas um instrumento poderoso para a ampliação mágica da consciência, servindo também como um meio de armazenar informações e transmiti-las. Disso se depreende como o conhecimento dos símbolos e nossa lida com eles é importante para o esoterismo. No esoterismo, os símbolos não se limitam aos quadros, pois tudo o que estimula os sentidos pode ser usado como símbolo.

Um bom dicionário de símbolos faz parte dos instrumentos indispensáveis para o esoterista, ao passo que a posse de vários deles é recomendável, pois os autores usam tônicas diferentes. O *Herder-Lexikon der Symbole* [*Dicionário de Símbolos*, da Editora Cultrix], e *Das Buch der Zeichen und Symbole* [O livro dos sinais e dos símbolos] de I. Schwarz-Winklhofer/H. Biedermann, são dois livros que se complementam. Mais do que um dicionário de símbolos é o que nos oferece Bruno Moser em seu livro, *Bilder, Zeichen und Gebärden. Die Welt der Symbole* [Imagens, desenhos e trejeitos. O mundo dos símbolos], da Editora Südwest. O autor define seu livro como uma prática de interpretação de símbolos. Como uma introdução básica na essência do simbolismo temos o livro que todos consideram compreensível de C. G. Jung, *Der Mensch und seine Symbole* [O homem e seus símbolos], da Editora Walter. Devo recomendar também dois livros de Ingrid Riedel que surgiram na serie "Símbolos", da Editora Kreuz: *Formen. Kreis, Kreuz, Dreieck, Quadrat, Spirale* [Formas. Círculo, cruz, triângulo, quadrado, espiral], e *Farben in Religion, Gesellschaft, Kunst und Psychotherapie* [As cores na religião, na sociedade, na arte e na psicoterapia].

O Xamanismo

Xamã era originalmente a designação para os feiticeiros das tribos do interior da Ásia e da Sibéria. Hoje são englobados, sob essa designação, os magos e os homens dedicados à cura dos assim chamados povos naturais. O xamanismo representa há alguns anos um papel importante no esoterismo ocidental. Até mesmo as bruxas podem ser incluídas sob o "apelido" do xamanismo.

Hoje o xamanismo se tornou um culto dentro do esoterismo ocidental. Isso se deve à perda de confiança nos valores adotados pela civilização ocidental. Diante da ameaçadora catástrofe ecológica muitos veem, especialmente as pessoas jovens, como única alternativa válida e salvadora, o xamanismo dos povos que continuaram ligados à natureza. Essas correntes foram criadas por volta do final dos anos 70, com base nas obras de Carlos Castañeda. Em vários volumes, Castañeda descreve o seu tempo de aprendizado junto ao feiticeiro mexicano Don Juan, que lhe desvendou os segredos da magia natural dos índios e o iniciou nos mistérios da cosmogonia. As obras de Castañeda, cuja tradução em língua alemã circulou inicialmente em segredo, em impressões "piratas", originaram um verdadeiro movimento cultural. Para muitos, elas foram a entrada para o mundo do esoterismo. No entanto, apareceram sempre vozes que afirmavam que a imagem de Don Juan não passava de mera ficção; dizem que Castañeda encontrou todo o material contido em seus livros nas bibliotecas, e não no México. O autêntico fã de Castañeda não leva em conta essas vozes contrárias e não duvida da narrativa da vida de Castañeda, que aquilo que ele conta corresponde a fatos cientificamente comprovados e pesquisados. O efeito causado pelos livros de Castañeda me parece também muito mais importante do que o seu conteúdo. Se, ademais, eles fazem com que toda uma geração procure restabelecer a harmonia e a sintonização com a natureza e com que a considere a fonte original viva de sua própria existência, então se trata de fato de textos esotéricos divinos. Ao mesmo tempo, o interesse pelo xamanismo fez com que se questionasse o orgulho da civilização ocidental.

Poderemos obter uma orientação melhor sobre o xamanismo em seu sentido original, ou seja, o sentido que possuía no interior da Ásia, se lermos o livro de Sergius Golowin, *Das Reich des Schamanen. Der eurasische Weg der Weisheit* [O reino dos xamãs. O caminho eurasiano para a sabedoria], da Editora Sphinx. Eu aproveito a oportunidade para recomendar os outros livros desse autor, que são muitos para que eu possa enumerá-los aqui. Golowin é sem dúvida um dos maiores conhecedores do xamanismo, principalmente do xamanismo ocidental. Seus livros contêm uma pletora de informações detalhadas sobre esse tema, que dificilmente se poderia encontrar em outro lugar. Para o nosso tema, vale a pena mencionar ainda o seguinte livro de Golowin: *Magier der Berge; Lebensenergie aus dem Ursprung* [Os feiticeiros das montanhas; energia vital provinda da origem]. O livro é sobretudo interessante para os leitores suíços, esse país tão importante para o esoterismo em mais de um sentido, cujos moradores, segundo Golowin, desde a época pré-histórica estão em contato com a outra grande região montanhosa: o Himalaia.

Todos os livros de Carlos Castañeda apareceram na língua alemã em forma de livros de bolso ou brochuras e foram publicados pela Editora Fischer.

Quem quiser ocupar-se mais profundamente com Castañeda, aceite minha recomendação de ler o livro de Richard DeMille, *Die Reisen des Carlos Castañeda* [As viagens de Carlos Castañeda], publicado pela Editora Morzsinay. De Mille indica em que bibliotecas estão acessíveis as informações e as fontes utilizadas por Castañeda em seus livros, ou melhor, as fontes que podem ter sido utilizadas. Para o homem ocidental, o mundo de Don Juan não é de fácil compreensão. Uma boa ajuda nesse sentido obtemos de Lothar Rüdiger Lutge com seu livro, *Carlos Castañeda und die Lehren des Don Juan* [Carlos Castañeda e os ensinamentos de Don Juan] (livros de bolso da Esotera da Editora Hermann Bauer). Ulla Wittmann tenta mostrar que há paralelos entre os ensinamentos de Don Juan com o taoismo, o zen-budismo e a doutrina dos arquétipos de C. G. Jung, em seu livro *Leben wie ein Krieger – Die verborgene Botschaft in den Lehren des Yaqui-Zauberers Don Juan* [Viver como um guerreiro – A mensagem oculta nos ensinamentos do mestre-iaqui Don Juan]. O livro foi publicado pela Editora Ansata.

Visivelmente influenciado e inspirado por Castañeda é o livro *Wyrd. Der Weg eines angelsächsischen Zauberers* [Wyrd. O caminho de um feiticeiro anglo-saxão], de Brian Bates, coleção de Livros de bolso da Editora Goldmann, n° 8546. Esse livro é a narrativa de uma vida, do ponto de vista de um discípulo seguidor de um feiticeiro anglo-saxão da época que precedeu à cristianização da Inglaterra. O livro é escrito em forma de romance, mas se fundamenta em pesquisas e documentos sobre a magia e a medicina dos xamãs.

Holger Kalweit tenta estabelecer a ligação com a moderna psicologia em seu livro, *Traumzeit und innerer Raum – Entdeckunsreise in die Terra incognita der Seele – Der Schamane als Pionier der modernen Bewusstseinsforschung* [Tempo de sonho e espaço interior – Viagem de descoberta na terra incógnita da alma – Os xamãs como pioneiros da moderna pesquisa da consciência]. O mesmo tentaram fazer Hans Findeisen/Heino Gehrts em *Die Schamanen — Jagdhelfer und Ratgeber, Künder und Heiler* [Os xamãs – ajudantes nas caçadas e conselheiros, repórteres e curadores].

Quem quiser abordar o xamanismo pelo lado prático, encontrará estímulo e ajuda no livro de Michael Harner: *Der Weg des Schamanen. Ein praktischer Führer zu innerer Heilkrakft* [O caminho do xamã. Um guia prático para a força curativa interior]*, publicado pela Editora Ansata. Também indico o livro de Gerhard Wehr, *Der innere Weg* [O caminho interior] da Editora Rowohlt.

O estudo da antroposofia, como também dos escritos de Rudolf Steiner, é essencialmente dificultado devido ao jargão especial que é usado, como também por causa da formulação de conceitos difíceis à compreensão dos leigos no assunto. De especial ajuda nesse caso é o livro de Adolf Baumann, *ABC der Anthroposophie* [O ABC da antroposofia], da Editora Hallwag. O público objetivado pelo autor é constituído pelos pais dos alunos que frequentam as escolas Waldorf.

Bruxas

Estreitamente ligadas com a magia e o xamanismo estão as bruxas. As bruxas são conhecidas dos contos de fadas como feiticeiras más, que moram escondidas na floresta e dispõem de forças misteriosas. Historicamente, as bruxas são principalmente conhecidas devido à impiedosa perseguição de que foram vítimas. Sobretudo nos séculos XVI e XVII, as igrejas iniciaram perseguições a numerosas pessoas sob a alegação de que praticavam a bruxaria: essas pessoas foram presas e executadas.

Quem ou o que essas bruxas de fato eram, hoje é assunto polêmico, pois as opiniões divergem. Alguns veem nelas uma con-

---

* Publicado pela Editora Pensamento, São Paulo.

juração oculta contra o poder absoluto da Igreja e sua ideologia. Esse protesto, portanto, se exteriorizava na adoração do demônio mediante um princípio oposto ao da Igreja cristã. Outros observam nos feiticeiros os remanescentes das religiões naturais da era pré-cristã, cujas origens podem ser traçadas até a era da Atlântida e suas tradições no âmbito anglo-saxão, cultivadas principalmente pelos celtas. Atualmente, é moda ver nas bruxas uma espécie de precursoras do moderno feminismo. Segundo essa opinião, as perseguições podiam ser vistas como uma expressão da discriminação e do papel de submissão que a mulher representa na sociedade.

De todos os pontos de vista esse me parece o menos plausível de todos, pois há poucos indícios importantes de que fosse esse o caso. O culto às bruxas sempre foi um culto heterossexual, na medida em que uma sacerdotisa tem o mesmo direito de atuação que um sacerdote. Ao princípio da polaridade foi atribuído um papel importante. Que o culto as bruxas contém um forte componente de magia sexual fica comprovado pelos antigos rituais de fecundidade.

Além disso, os homens também não escapavam dos caçadores de bruxas, não mais do que as mulheres. Em Bistum Würzburg, foram mantidos registros exatos das pessoas julgadas e queimadas vivas devido à acusação de bruxaria. Nesses registros pode-se constatar que a metade dos julgados e condenados pela prática de bruxaria era de homens. É por isso que julgo a tese do antigo culto à fecundidade e à natureza como a mais coerente. Tem-se a impressão de que o conhecimento esotérico banido pela Igreja para a clandestinidade continuou a viver, mesmo nessa forma popular e muitas vezes corrompida. Esse fato provocou as mais desabridas perseguições movidas pela Igreja.

Nos tempos modernos, a essência da feitiçaria foi reativada de modo surpreendente na Inglaterra e nos Estados Unidos sob o nome de *witchcraft* ou *wicca* (*witch* foi derivado de *wise* = *wicce*). Esse renascimento foi provocado principalmente pelos livros de Margaret A. Murray, *The Witch cult in Western Europe* [O culto às bruxas na Europa ocidental] e *The God of the witches* [O deus das bruxas]. Segundo Margaret Murray, o culto às bruxas é a expressão de uma adoração a um deus chifrudo que pode ser remontada até a era paleolítica. Contudo, foi Gerald B. Gardner, venerador de um culto moderno às bruxas e antigo funcionário colonial inglês quem, ao lado da magia sexual, introduziu o ritual do chicoteamento no culto. O velho Crowley (ver página 132) elaborou, a pedido de Gardner, diversos rituais de feitiçaria para uso prático no círculo das bruxas por este criado.

Em tempos mais recentes, a essência da feitiçaria fundamentada em Murray e Crowley na Inglaterra e nos Estados Unidos também encontrou um espaço entre os povos de língua alemã, embora de conotação notadamente mais feminina.

Os livros de Murray e Gardner ainda não foram traduzidos para o alemão, pelo que sei. O livro de Starhawk, *Der Hexenkult als Ur-Religion der Grossen Göttin* [O culto às bruxas como religião primordial da Grande Deusa] da Editora Hermann Bauer, aborda esse culto às bruxas antes de tudo como um aspecto do matriarcado. Em oposição a M. Murray, a autora vê a origem da essência da bruxaria num culto arcaico à "Grande Deusa" como a imagem da força criativa e da valentia, como a fecundadora e a nutridora de tudo o que é vivo. O livro contém também muitas informações detalhadas para uso prático e tenta tornar o acontecimento ritual psicologicamente compreensível.

Uma obra importante como fonte é o livro traduzido do inglês, que se tornou um clássico, *Aradia, die Lehre des Hexen* [*Aradia or the Gospel of the Witches*], ou seja [Aradia, ou o evangelho das bruxas], de Charles G. Leland. Foi publicado pela Editora Trikont. O livro contém mitos, conjurações mágicas, sabedoria e imagens de magia popular italiana, além de revelar as ligações da essência da feitiçaria com a antiguidade.

Medicina Esotérica

É evidente que a visão mundial do esoterismo só tem um sentido quando pode atuar de maneira prática no dia a dia de todas as pessoas. A saúde e a doença são circunstâncias com que cada pessoa, de alguma maneira, tem de lidar. Portanto, a medicina é o setor em que sempre se torna a experimentar e estabelecer de todos os modos o uso das leis básicas do esoterismo. Desde Paracelso nada mudou nesse sentido. Hoje em dia, no momento em que a confiança nas possibilidades da assim chamada medicina ortodoxa com seus medicamentos químicos e sua aparelhagem espalhafatosa vai desaparecendo cada vez mais, leigos e médicos estão se voltando para a antiga tradição da cura esotérica.

Nesse caso, convém delimitar e descrever melhor o que se entende por medicina esotérica. Não é o método que torna esotérica uma prática terapêutica, mas a visão de mundo que lhe serve de base. Nesse sentido, são esotéricos os métodos de cura que se fundamentam no conceito esotérico de energia, cuja origem, em todos os casos, pode ser remontada até a *Tábua de Esmeralda* de Hermes Trismegisto (ver página 61). Nesse conceito não cabe automaticamente tudo o que é designado com o nome de cura natural. Em muitos casos, a assim chamada cura natural tem a mesma visão do mundo que a medicina escolástica. Apenas uma questão permanece em aberto: se um medicamento pode ser extraído e elaborado sintética ou quimicamente, ou se ele deve ser retirado da maneira que a natureza o oferece em seu reino vegetal.

Os sacerdotes egípcios já usavam métodos de cura e, embora não se saiba muita coisa sobre eles, podem ser rotulados como esotéricos, e são, de um modo ou de outro, usados outra vez nos dias de hoje (por exemplo, a vida imagética catatônica). Mas a verdadeira origem da medicina esotérica, como é compreendida e praticada no Ocidente, retrocede até Paracelso (ver página 100) e Franz Anton Mesmer (ver página 108). As teses de Mesmer retomadas por Paracelso dizem que toda doença é a presença de um distúrbio no equilíbrio das energias cósmicas inerentes ao indivíduo. O processo de cura consiste em restabelecer esse desequilíbrio energético pelo uso de medidas que ajudam a própria pessoa doente a compensar esse equilíbrio irregular com as forças curativas do próprio corpo. Isso pode acontecer da seguinte maneira: ou o doente recebe essa energia por meio de medicamentos correspondentes ou a obtém sem medicamentos. Disso se depreende que existem duas direções nos métodos de cura esotéricos, um medicamentoso e outro não medicamentoso.

Dos métodos de cura que usam remédios, certamente a homeopatia está na vanguarda, sendo o mais conhecido de todos; ela se originou com Samuel Hahnemann (1755-1843), um médico que, sem ser provavelmente um esoterista, desenvolveu a homeopatia de modo puramente empírico. Ele reconheceu que existe somente uma energia, que segundo a quantidade da dosagem pode provocar ou curar as doenças (em essência, o princípio da magia).

A homeopatia é muito complicada para que eu possa, no espaço disponível aqui, aprofundar-me nela. Eu prefiro indicar a literatura abaixo. Essa complicação é tamanha que impediu que a homeopatia se tornasse um benefício comum; além disso, atualmente se designam de homeopáticas muitas coisas que nada têm a ver com a homeopatia clássica de Hahnemann. O conceito está amplamente difundido na linguagem corriqueira do povo, e tornou-se sinônimo de cura natural.

Influenciada pela homeopatia, mas de qualquer modo uma terapia completamente independente, é a terapia dos remédios florais do dr. Bach. Ela foi desenvolvida nos anos 30 pelo médico inglês Edward Bach; no entanto, é na época atual que ela vive seu apogeu, pois estamos na era da psicofarmacologia. Em seu diagnóstico, Bach se orientava não pelos sintomas físicos, mas exclusivamente pelos estados negativos da alma, pois estes eram consequências de atuações contraditórias entre as intenções da alma e da personalidade (ver página 190 e seguintes). Bach descobriu em trinta e oito flores da natureza determinadas frequências energéticas que concordavam, de certa maneira, com frequências energéticas dos campos de energia humana. Se introduzirmos a correspondente essência floral como uma espécie de catalisador para o campo energético perturbado de uma pessoa, esta pode, com suas próprias vibrações, harmonizar outra vez todo o campo energético (segundo diz Mechthild Scheffer).

Os métodos terapêuticos que não usam drogas tentam, em última análise, atuar diretamente sobre o distúrbio do campo energético humano, na medida em que não fazem uso de medicamentos nem contornam o problema. Esse posicionamento tem o nome de medicina espiritual, da qual fazem parte os diversos tipos de psicoterapia, inclusive diversas terapias orientadas para o corpo, tal como a bioenergética, mesmo que muitos psicoterapeutas se manifestem contra essa inclusão.

O âmbito da medicina esotérica tornou-se hoje muito versátil, e fica difícil abrangê-lo todo numa visão geral. A literatura que apresento a seguir pode facilitar o acesso a essa dimensão tão rica.

Como livro básico, que serve muito bem de introdução à maneira de pensar e ao conceito de medicina esotérica, recomendo *Krankheit als Weg. Deutung und Bedeutung der Krankheitsbilder* [A doença como caminho], de Thorwald Dethlefsen/Rüdiger Dahlke (Editora Cultrix). As bases da homeopatia são bem explicadas por Adolf Vögelis em *ABC der Gesundheit* [O ABC da saúde] e *Die Korrekte Homöopathische Behandlung in der täglichen Praxis* [O tratamento homeopático correto na prática diária], ambos da Editora Haug, com indicações para o uso prático pessoal. A fim de conhecer a terapia floral do dr. Edward Bach, há o livro que ele mesmo escreveu, *Blumen, die durch die Seele heilen* [Flores que curam através da alma], da Editora Hugendubel. Como complementação, temos o livro do médico Götz Blome, *Mit Blumen heilen* [Curar com flores], da Editora Hermann Bauer. Essa obra contém uma parte exclusiva e facilitada para que os principiantes possam aprender a escolher os remédios, e outra que ensina a escolher os remédios do ponto de vista astrológico. Livros sobre plantas curativas há vários, e para todos os gostos. O livro de Wolf-Dieter Storl, *Vom rechten Umgang mit heilenden Pflanzen* [Sobre o modo correto de lidar com plantas curativas], da Editora Hermann Bauer, tem a vantagem de as plantas curativas e seus efeitos curativos serem abordados do ponto de vista esotérico.

Sobre a cura espiritual no sentido estrito existe uma orientação de Harry Edwards, um dos mais conhecidos curadores espirituais ingleses, no livro *Praxis der Geistheilung* [Prática da cura espiritual], e talvez de um modo mais reduzido, em *Geistheilung*

[Cura espiritual], da Livros de Bolso Esotera. Orientado de maneira mais prática é o livro *Die Kunst spirituellen Heilens* [A arte da cura espiritual], de Keith Sherwood. (Os três livros são da Editora Hermann Bauer.)

Quem quiser verdadeiramente enfronhar-se no estudo de todos os princípios básicos da medicina esotérica, não poderá evitar a leitura das 848 páginas do livro *Esoterisches Heilen* [A cura esotérica] da teosofista Alice A. Bailey. Além disso, poderá contar com ensaios de vários autores sobre âmbitos isolados da medicina esotérica atual no livro *Paramedizin – Andere Wege des Heilens* [Paramedicina – outros caminhos de cura], publicado por Gert Geisler. O livro foi editado pela Livros de Bolso Esotera da Editora Hermann Bauer.

O Esoterismo Oriental

Para muitos, a sabedoria oriental significa o mesmo que esoterismo, uma posição que, como expressão do cansaço da civilização ocidental, já foi introduzida no último século com o início da industrialização. Já no ano de 1875, a Sociedade Teosófica então fundada (ver página 115) se voltou, em seu desenvolvimento, cada vez mais para a espiritualidade oriental, principalmente ao hinduísmo. O verdadeiro auge da espiritualidade oriental aconteceu com a geração mais jovem, quando nos anos 60, um grupo musical muito popular, The Beatles, sob a direção de um iogue hindu voltou-se para a meditação. Nos anos 70, uma viagem à Índia já era quase que uma "imposição" convencional para a geração mais jovem. Essa atração pelo Oriente pode muito bem ser considerada como um preâmbulo para a Era de Aquário.

Mas, ao considerarmos esse fenômeno, muitas vezes deixamos de notar que também o Ocidente tem sua tradição esotérica própria, que entretanto, devido à repressão eclesiástica, não pode ser ensinada com tanta frequência como no Oriente, que não conhece formação religiosa. Por volta dos anos 80, começou-se a reconhecer cada vez mais esse fato. A tônica deste livro recai no âmbito do esoterismo ocidental, portanto deixarei de abordar o esoterismo oriental, mencionando apenas aqueles conceitos que encontraram eco no Ocidente nestes últimos anos.

O esoterismo oriental aparece em geral sob o título de *ioga*. Todo sistema para a obtenção do conhecimento e da iluminação é ioga à sua maneira. A palavra significa canga, originada da forma como a madeira é duas vezes curvada e colocada sobre o pescoço dos bois no Ocidente para que estes puxem o carro. Canga significa local de contato, onde a energia dos animais de carga flui para o carro que se move. A ioga é o local de contato das pessoas com um plano transcendental (do além).

No Ocidente, quando se fala em ioga em linguagem popular, na maioria das vezes estamos nos referindo à Hatha-ioga. No entanto, existem muitos caminhos de ioga. Hatha-ioga é um método pelo qual com diversos exercícios o corpo humano se torna mais permeável e mais receptivo às energias transcendentais. A Raja-ioga exige o desenvolvimento das forças da alma, a Bhakti-ioga é a ioga da concentração, do amor e da entrega ao divino, e a Inana-ioga aspira atingir o conhecimento por meio da percepção. Todos esses métodos foram imaginados e preparados para os orientais, com sua disposição, mentalidade e cultura. Um ocidental pode aprender muitas coisas valiosas com a ioga, mas é difícil atingir o objetivo visado, pois em essência ele é constituído de modo diferente do oriental. Da mesma maneira, os orientais sentem dificuldade de ajustar-se às dificuldades do caminho ocidental.

Outro ramo parcial da sabedoria oriental que encontrou muitos seguidores e chamou a atenção no Ocidente é o *Tantrismo*, também denominado às vezes de Tantra. Infelizmente, na maioria das vezes ele é mal-interpretado, como se fosse uma espécie de ioga sexual ou então como se fosse exclusivamente uma espécie de prática sexual muito aprimorada. O tantrismo, do qual existe entre nós uma forma hinduísta e outra tibetano-budista, considera todo o cosmos sob o aspecto da energia: tudo é, em última análise, energia cósmica. Com ela é possível reconhecer a transcendência (o tantra não conhece nenhum conceito específico de Deus) em todas as coisas que existem, quer se trate de uma pedra, de um ser vivo ou de algo que se pode captar.

Tantra significa trama, rede, e expressando-nos de maneira grosseira, significa que tudo está entrelaçado entre si, e que contém finalmente aquilo que nós chamamos no Ocidente de divino. Que o erotismo e a sexualidade estão incluídos nesse entrelaçamento é óbvio. No entanto, não podem ser excluídos dessa ligação com o grande todo cósmico da maneira como vários livros ocidentais sobre tantra querem fazer supor. O verdadeiro tantra é uma prática esotérica usada em larga escala em todos os âmbitos da vida e tem, à sua maneira, muita semelhança com a alquimia (ver páginas 165 e seguintes).

A oferta literária sobre o tema da sabedoria oriental é muito rica, tanto que optar por alguns poucos livros recomendáveis se torna muito difícil. Sobre o tema da ioga, eu recomendo o livro *Yoga – Unsterblichkeit und Freiheit* [Ioga – Imortalidade e liberdade], de Mircea Eliade (livros de bolso Suhrkamp 1.127). Trata-se de uma apresentação muito cuidadosa e básica sobre os diversas sistemas da ioga, incluindo-se entre eles a ioga tântrica. Como complemento para esse livro, sugiro *Quellen der Yoga. Klas-*

sische Texte der Körper und Geistesschulung [Fontes da ioga, textos clássicos para a formação do corpo e do espírito], traduzidos, organizados e comentados por Hartmut Weiss (Editora O. W. Barth); trata-se de uma coletânea dos mais importantes textos originais da ioga, indo das bases religiosas e filosóficas até as indicações para o exercício prático.

Quem quiser conhecer pessoalmente a ioga corporal (Hatha-ioga) encontrará uma série de indicações, umas melhores, outras piores. O estilo e as dificuldades relacionadas com ela para o homem ocidental são levados em consideração, a meu ver, do melhor modo por Richard Hittleman. A introdução mais indicada é *Yoga – Das 28-Tage-Programm* [Ioga – o programa de 28 dias], publicado pela Editora Heyne, livro de bolso n° 4.546. Em seguida, continua-se com *Yoga-Meditation – Ein 30- Tage-Programm* [Meditaçãoióguica – um programa mensal] (Editora Mosaik). Segue-se, visando ao mesmo objetivo, *Yoga für alle Lebensstufen – in Bildern* [Ioga para todas as etapas da vida – em imagens], de Gräfe e Unzer (Sivananda Yoga Zentrum).

Textos que servem de fontes para o esoterismo indiano são os *Upanishaden* [Os Upanishads],* segundo Schopenhauer: "a leitura mais enaltecedora e valiosa possível na Terra", publicada na série Amarela da Editora Diederich, e o *Bhagavadgita*,** o hino de louvor ao hinduísmo, do qual existem várias traduções e interpretações comentadas. É preferível começar com uma tradução comentada em prosa.

Muito recomendáveis são os diversos livros do hinduísta Heinrich Zimmer, que se prestam muito bem para aproximar dos ocidentais o mundo multicolorido da mitologia hindu.

---

* *Os Upanishads*, publicado pela Editora Pensamento, São Paulo.
** *Bhagavad-Gita*, publicado pela Editora Pensamento, São Paulo.

Uma espetacular introdução ao espírito e à essência do tantrismo é *Feuer trinken, Erde atmen. Die Magie des Tantra* [Beber fogo, respirar terra. A magia do tantra], de Chögyam Trungpa (Editora Eugen-Diederich). De um autor oriental que também se sente muito à vontade com o modo de pensar ocidental, é o livro *Tantra – Die höchste Einsicht* [Tantra – a suprema compreensão], que é uma série de palestras sobre a *Gesang von Mahamudra* [A *Canção de Mahamudra*]* de Tilopa, de Osho (Editora Sambuddha).

Quem quiser enfronhar-se mais na religiosidade tibetana, deve escolher *Die Grundlagen tibetischer Mystik* [As bases do misticismo tibetano] do Lama Anagarika Govinda (livro de bolso, editora Fischer, n° 1627). Se Govinda oferece sobretudo as bases teóricas, do mesmo modo o livro *Geiteschulung im tibetischen Buddhismus* [Formação espiritual no budismo tibetano], do lama Sherab Gyaltsen Amipa, mostra a espiritualidade prática, que foi especialmente experimentada com discípulos ocidentais. Que as antigas práticas do esoterismo tibetano guardadas em estrito segredo sejam agora mais conhecidas também no Ocidente é consequência direta da emigração dos lamas tibetanos e sua espiritualidade, saindo de seu isolamento secular depois da invasão chinesa. Devo mencionar aqui o livro de Chögyan Trungpa, *Das Buch vom meditativen Leben* [O livro da vida meditativa] (Editora O. W. Barth, coligada à Editora Scherz), visto que ele ensina um antigo caminho de meditação tibetana: os ensinamentos Shambhala do "Caminho do Guerreiro" destinados à autorrealização na vida diária. As pessoas que ainda não tiverem certeza de que esse âmbito do esoterismo as agrada ou não, e que primeiro preferirem "farejar" um pouco, talvez devam tentar ler as

---

* Publicado pela Editora Pensamento, São Paulo.

biografias, talvez aleatoriamente, de santos, ou seja, homens considerados santos, como talvez *Milarepa – Tibets grosser Yogi* [*Milarepa – História de um iogue tibetano*]*, de W. Y. Evans-Wentz (editora O. W. Barth – Scherz); ou então, um acepipe muito especial, *Der heilige Narr* [O santo tolo], de Keith Dowman (Editora Scherz).

Mais algumas recomendações para leitura sobre o esoterismo oriental: *Handbuch der spirituellen Wege* [Manual dos caminhos espirituais], de Bruno Martin. Bastante completo é o *Lexikon der östlichen Weisheitslehren, Buddhismus, Hinduismus, Taoismus, Zen* [Dicionário das doutrinas do conhecimento oriental: Budismo, Hinduísmo, Taoismo, Zen], da Editora C. W. Barth.

I Ching

O I Ching provém do esoterismo oriental, mais exatamente do esoterismo chinês; no entanto, nos últimos anos também integrou-se no Ocidente. Isso se deve principalmente a Richard Wilhelm, que com seu livro até hoje não ultrapassado, aproximou o I Ching do Ocidente; também o devemos a C. G. Jung, que se dedicou intensivamente ao I Ching. O *I Ching – o Livro das Mutações* existe desde 1000 a.C. e, na verdade, é uma coleção de textos comentados sobre os sessenta e quatro hexagramas, figuras que se compõem de seis linhas sobrepostas, contínuas ou interrompidas.

O princípio básico do I Ching é a polaridade e as forças cósmicas que se encontram em constante mutação. Um polo se denomina *Yin*, terra, e representa a energia feminina, passiva, flexível, fraca, sombria. Yin é representado por uma linha interrompida (- -). *Yang*, céu, é a energia masculina, ativa, fixa, forte e clara. Yang é representado por uma linha contínua (–).

---

* Publicado pela Editora Pensamento, São Paulo.

Atualmente, o I Ching é usado principalmente para fins oraculares. Para tanto são usados milefólios segundo um determinado ritual, ou então são arremessadas moedas. Disso se tira um símbolo, na verdade um hexagrama formado de seis linhas Yin ou Yang sobrepostas. Algumas dessas linhas representam mutações, isto é, elas estão, por definição, prestes a se transformar na energia polar contrária; daí surge então um novo hexagrama. O consulente examina exatamente o inter-relacionamento surgido entre os hexagramas assim obtidos, ou seja, as linhas de mutação e, desse modo, obtém um esclarecimento sobre a qualidade das energias cósmicas disponíveis no que se refere à pergunta feita. Ele recebe a resposta, se é favorável ou não para o seu empreendimento. O I Ching, portanto, é quase uma espécie de tabela numérica cósmica em que se pode ler a qualidade da energia cósmica. Também pesquisadores com a fama de um C. G. Jung se surpreenderam com o acerto das previsões que podem ser obtidas dessa maneira.

Quem quiser dedicar-se mais profundamente ao I Ching, precisa ter bastante tempo e paciência. Desse modo aprenderá a compreender o significado mais profundo dos hexagramas quanto ao modo como são constituídos bem como aprenderá a transferi-los para sua situação pessoal. Isso significa aprender a pensar sob a perspectiva da mentalidade chinesa e da sua visão de mundo. Para fazer isso não poderá prescindir do livro de Richard Wilhelm, *I Ching*, da Editora Eugen-Diederich.* Quem quiser dedicar-se ao I Ching para fazer prognósticos, ou seja, usá-lo como oráculo, deve dar preferência ao livro de Sam Reifler, *Das I-Ging Orakel* [O oráculo I Ching], da Editora Hermann Bauer, Livro de Bolso Esotera. Agora, quem se decidir a manter

---

* Publicado pela Editora Pensamento, São Paulo.

o I Ching como seu acompanhante diário, encontrará uma valiosa ajuda em *Arbeitsbuch zum I Ging* [Livro de exercícios para o I Ching], de R. L. Wing (Editora Diederich). O usuário fará dele, com o tempo, um diário e um valioso parceiro com quem dialogar.

Beletrística Esotérica

Depois de tudo o que sabemos até agora sobre esoterismo, ninguém mais se espantará com o fato de o conhecimento esotérico e o conteúdo de suas ideias não passarem apenas pelo caminho dos livros didáticos ou de secas conferências. Os mitos da humanidade serviram em sua forma exterior para o divertimento, tal como hoje fazem a televisão ou o cinema.

Os antigos já conheciam o romance esotérico; um exemplo conhecido é o do *Asno de Ouro* de Apuleio, cujo tema é a iniciação aos mistérios de Ísis. Também a lenda do Graal nada mais é do que esoterismo apresentado em forma de narrativa. Portanto, os esoteristas sempre foram tentados a vestir seus conhecimentos em forma literária.

Poetas e literatos sentiram-se atraídos pelas fantásticas possibilidades da imaginação, do astral, em suma, do esoterismo, e tentaram expressá-las em forma poética.

Caso o conhecimento esotérico e a aptidão literária se casem, o que infelizmente nem sempre acontece, o resultado pode ser muitíssimo atraente. Eu conheço obras literárias que transmitem profundo conhecimento esotérico; elas me agradam particularmente e eu desejo recomendá-las como uma leitura destinada ao aprofundamento. Na medida em que os livros tenham um tema determinado, eles serão incluídos sob o respectivo título.

Também a literatura esotérica tem seus clássicos. Antes de mais nada, devo mencionar o romance rosa-cruz *Zanoni*, de Edward Bulwer-Lytton (Editora Ansata). Igualmente se inclui entre os clássicos *Die drei Lichter der kleinen Veronika* [As três luzes da pequena Verônica], de Manfred Kyber (Editoras Drei-Eichen e Livro de Bolso n° 64), um conto maravilhoso e poético que deve ser recomendado sobretudo aos principiantes no esoterismo. Do mesmo modo, devo recomendar *Die Möwe Jonathan* [*Fernão Capelo Gaivota*], de Richard Bach (da Editora Ullstein), um livro que se pode notar ter sido escrito a partir de uma intensa experiência pessoal. Ele menciona de uma maneira muito delicada e poética o tema dos "mestres" e é imprescindível para todos os que desejarem compreender melhor a essência do caminho esotérico, seus pontos altos, mas também suas dificuldades e as renúncias que implica.

Um dos escritores da ciência literária mais respeitado e reconhecido é com certeza Gustav Meyrink (1868–1932). Aqui combinam-se profundezas do conhecimento esotérico com grande força de estilo literário. Apesar disso, só posso recomendar os romances de Meyrink aos iniciantes com certas restrições. O seu estilo expressionista, como era moda durante a época da I Guerra Mundial e que Meyrink cultivou até o exagero, não é hoje bem aceito por todas as pessoas. Lucra mais com os livros de Meyrink quem já está um tanto mais integrado com a temática esotérica, visto que há indicações e insinuações ocultas que este então pode identificar. O mais compreensível de todos é *Der engel vom westlichen Fenster* [O anjo da janela ocidental], um romance biográfico sobre o feiticeiro inglês John Dee e seu médium Edward Kelley. O livro que tornou Meyrink mais conhecido foi *Der Golem* [O Golem], uma forma romanceada da lenda da preciosa pessoa do Rabbi Löw no gueto de Praga. Nesse caso, Meyrink aborda o tema da magia e da cabala. Em *Das grüne Gesicht* [O rosto verde] e *Der Weisse Dominikaner* [O dominicano branco] ele aborda o misticismo oriental e o taoismo.

Sobre o esoterismo mais elevado também cito Franz Spunda, mas ele infelizmente não tem o talento artístico literário adequado aos seus conhecimentos. Os seus romances são escritos com o estilo rebuscado dos anos 20 e 30. Quem não se intimidar com isso, descobrirá muitas pérolas do conhecimento esotérico em seus livros *Devachan e Baphomet*. Ambos os romances foram reeditados pela Editora Ansata e abordam a temática da magia negra e da magia branca. Os livros de Franz Spunda estão esgotados, mas ainda podem ser encontrados em bibliotecas públicas e, em casos isolados, também em sebos.

Podemos dizer o mesmo de Hans Sterneder. Quem consegue fazer de conta que não percebe a linguagem exagerada, o exagero na apresentação das figuras, encontra em *Den Wunderapostel* [O apóstolo maravilhoso], Livros de Bolso Esotera, da Editora Hermann Bauer, uma história compreensível, embora profunda, dos ensinamentos esotéricos básicos.

Um livro que incluo entre os principais romances esoteristas, colocando-o em posição de destaque devido ao seu conteúdo informativo, é *Der Rote Löwe* [O leão vermelho], da escritora húngara Maria Szepes. Trata-se de um romance que vai diretamente ao ponto central do assunto e que, exatamente por essa razão, é adequado para principiantes. Esse livro, publicado pela Editora Heyne (Livro de Bolso n° 4.043), provavelmente serviu de modelo para o livro muito conhecido de outra autora húngara, Elisabeth Haich. No entanto, o romance de Elisabeth Haich supera de longe o conteúdo esotérico do livro que lhe serviu de inspiração. O livro de Elisabeth Haich chama-se *Einweihung* [*Iniciação*].*

A literatura fantástica e a literatura de ficção também estão passando por um momento de apogeu no presente. Pode-se até mesmo dizer que os quiosques que vendem livros nas estações de trem, com seu estoque que a vista quase não consegue abranger, oferecem uma série de livros de bolso que se transformaram num banco extremamente rico de dados esotéricos. Este também é um sinal dos tempos, e consequentemente, de que o espírito voa por onde quer voar. Seja como for, sempre torno a me surpreender com a riqueza dos conceitos esotéricos que descubro ao folhear esses livros. Como já não se pode ignorar a oferta tão grande na área, restrinjo-me a mencionar somente os títulos que me agradaram mais durante a minha busca de informações.

Entre a literatura fantástica e a literatura de fantasia (ficção) dá para se estabelecer uma diferença. A literatura fantástica toma o mundo real, tal como o chamamos, como ponto de partida para mostrar por trás dele uma outra realidade subjacente, às vezes demoníaca, às vezes assustadora, ou então do tipo de contos de fadas; seja como for, demonstra uma realidade fantástica. Na mistura dessas duas realidades está a maior parte do fascínio especial desse tipo de literatura. A literatura de ficção, por outro lado, coloca o acontecimento desde o início dentro de uma realidade imaginária, que não tem nada a ver com a realidade comum do mundo normal. O autor conquista, desse modo, a possibilidade de lidar com os mais diversos modelos imagináveis, sem ter de limitar-se pela realidade do cotidiano. Não me parece nenhum acaso que talvez por isso mesmo, a literatura de ficção seja uma esfera onde predominam autoras femininas, pois

---

* Publicado pela Editora Pensamento, São Paulo.

esse tipo de literatura oferece a oportunidade de apresentar uma naturalidade feminina que não está presa às circunstâncias sociais da nossa vida. A igualdade, com as mesmas responsabilidades para homens e mulheres no signo da polaridade, é de fato uma característica marcante do genuíno esoterismo.

Quem se dedicou intensamente à leitura de vários autores ligados ao esoterismo, não pode esquecer o que aprendeu, a não ser em raros casos. De Arthur Machen (1863-1947) sabemos que era membro da ordem A Aurora Dourada e que suas narrativas aparecem em antologias, e a sua obra mais famosa é *Der grosse Gott Pan* [O grande deus Pan], incluída em *Die Leuchtende Pyramide* [A pirâmide iluminada], da Editora Thienemann.

Uma autora por certo muito conhecida nos círculos esotéricos é Marion Zimmer-Bradley. *Die Nebel von Avalon* [*As Brumas de Avalon*] apresenta uma versão romanceada de mito do rei Artur, em que a autora foi extremamente bem-sucedida em mostrar a transição da cultura antiga, orientada para a magia, para o novo cristianismo incipiente (Editora Wolfgang Krüger).

Além desses livros, ela escreveu *Das Licht von Atlantis* [A lua da Atlântida], da Editora Gustav Lübbe. Eu acho extremamente recomendável a leitura de Michael Görden, uma antologia organizada e publicada pela Editora Bastei-Lübbe. A principal é *Das grosse Buch der Fantasy*. *Das grosse Buch der erotischen Phantastik* e *Das grosse Buch der Phantastik* [O grande livro da ficção. O grande livro do erotismo fantástico *e* O grande livro do fantástico] abrangendo o volume I: *Das 19. Jahrhundert* [O século XIX], já publicado; o Volume II: *Von der Jahrhundertwende zum Zwiten Wetkrieg* [Da mudança de século até a II Guerra Mundial] e o Volume III: *Moderne Autoren* [Autores modernos]. Quem tiver vontade de dar os primeiros passos no reino da literatura fantástica pode entregar-se sem susto a esse guia confiável.

Joy Chant aborda em seu livro *Könige der Nebelinsel* [Os reis da ilha de neblina] (Bastei-Lübbe), o mundo lendário céltico, pouco conhecido entre nós, usando o mesmo estilo com que Gustav Schwab divulgou as lendas antigas. *Das Lexikon der phantastischen Literatur* [O dicionário da literatura fantástica] de Rein A. Zondergeld (livro de bolso nº 880 da Editora Suhrkamp) também é bastante útil.

Aos que conhecem a língua inglesa, recomendo especialmente os romances ocultistas de Dion Fortune (1891-1946) que, infelizmente, até hoje, numa exceção intolerável, não foram traduzidos para o alemão. *The Sea Priestess* [*A sacerdotisa do Mar*]* e *Moon Magic* [*A sacerdotisa da lua*]* têm como tema a magia da antiga Atlântida e o karma por ela ocasionado. *The Goat-Foot God* [O deus com pés de bode] trata da irrupção da energia de Pã na vida de um bom burguês. *The Winged Bull* [O boi alado] e *The Demon Lover* [*Paixão diabólica*]*.

São reminiscências da ordem A Aurora Dourada da qual Dion Fortune era membro. Em *The Secrets of Dr. Taverner* [Os segredos do dr. Taverner], Dion Fortune menciona, fundamentando-se nas histórias de Sherlock Holmes de Conan Doyle (que também era editor de literatura esotérica), vários episódios com temática ocultista cambiante. O que torna os livros de Dion Fortune interessantes, e excepcionalmente agradáveis de ler, são as informações detalhadas nas linhas e entrelinhas sobre vários temas esotéricos e ocultistas, de uma maneira não acessível em nenhuma outra obra.

No âmbito da literatura esotérica alemã redescobriu-se a autora Naomi Mitchison. Seu grande romance *Kornkönig und Früh-*

---

* Publicado pela Editora Pensamento, São Paulo.

lingsbraut [O rei do trigo e a noiva da primavera], da Editora Gustav Lübbe, é mencionada por Dion Fortune como um livro-chave do esoterismo em *The Goat-Foot God*.

Revistas

O crescente interesse pelo esoterismo naturalmente também fez com que surgisse uma série de revistas que se dedicam especialmente ao tema. São muitas e dão conotações bem diferentes ao assunto. Da abundância de títulos, menciono apenas três que recomendo, pois nos últimos anos conquistaram um lugar ao sol, além de se destacarem pela regularidade de suas tiragens. Devo mencionar em primeiro lugar *Esotera*, que é publicada mensalmente pela Editora Hermann Bauer. Ela aparece há mais de trinta anos e oferece, sem dúvida, o mais amplo espectro sobre o tema esoterismo. A *Sphinx/Hologramm* aparece na mesma editora a cada dois meses e sua tônica recai, antes de tudo, em temas que ligam o esoterismo com a psicologia humanística. *Anubis. Zeitschrift für praktische Magie und Psychonautik* [Anúbis, revista para magia prática e psiconáutica] substituiu o *Unicorn*. Aparece quatro vezes por ano na publicação Magus da Editora Ralph Tegtmeier.

Como Começar?

Apesar de me ter esforçado para ser breve e permanecer concentrado, posso muito bem imaginar que vários leitores, principalmente os que não têm conhecimentos prévios, estejam perguntando: "Afinal, onde e como devo começar?" A cada um aconselho a se dedicar, no início, aos seguintes livros: *Der rote Löwe* [O leão vermelho], de Marie Szepes (ver página 218) *Schicksal als Chance. Esoterische Psychologie – das Urwissen zur Vollkommenheit des Menschen* [O desafio do destino]*, de Thorwald Dethlefsen (Editora Bertelsmann e livro de bolso Goldmann nº 11.723), bem como Horst E. Miers, *Lexikon des Geheimwissens* [Dicionário do conhecimento secreto], livro de bolso Goldmann, nº 11.708. Principalmente este último dará ao iniciante informação sobre os conceitos técnicos relacionados com o seu novo âmbito de estudo. O *Schule des Tarot* [Escola do tarô], já mencionado no capítulo "O tarô", que publiquei em três volumes, também foi concebido de tal modo que coloca o leitor, passo a passo, em contato com os ensinamentos básicos do esoterismo ocidental. Se colocarmos esse livro como o primeiro passo, os outros que mencionei serão o segundo passo.

---

* Publicado pela Editora Pensamento, São Paulo.

Bibliografia

Anubis (revista)
Die XVII Bücher des Hermes T. (Os 17 livros de Hermes T.)
Esotera (revista)
Kybalion [*O Caibalion*, Editora Pensamento, São Paulo, 1989]
Lexikon der östlichen Weisheit (Dicionário do conhecimento oriental)
Sphinx (revista)
Thomas Evangelium (Evangelho de Tomé)
Upanishads [*Os Upanishads*, Editora Pensamento, São Paulo, 1990]
Ägyptische Unterwelts-Bücher (Livros da clandestinidade egípcia)
Apuleio: *Der goldene Esel* (O asno de ouro)
Archarion: *Van wahrer Alchemie* (Da verdadeira alquimia)
Bach, Edward: *Blumen, die durch die Seele heilen* (Flores que curam através da alma)
Bach, Richard: *Die Möwe Jonathan* (*Fernão Capelo Gaivota*)
Bailey, Alice A.: *Esoterisches Heilen* (A cura esotérica)
Bates, Brian: *Wyrd. Der Weg eines angelsächsischen Zauberers* (Wyrd. O caminho de um mago anglo-saxão)
Baumann, Adolf: *ABC der Anthroposophie* (O ABC da antroposofia)
Becker, Udo: *Lexikon der Astrologie* (Dicionário de astrologia)

Beltz, Walter: *Die Mythen der Ägypter* (Os mitos egípcios)
Besant, Annie: *Uralte Weisheit* (Sabedoria primordial)
Osho: *Tantra – die höchste Einsicht* (Tantra – a suprema compreensão)
Bischoff, Erich: *Elemente der Kabbala* (Os elementos da cabala)
Blavatsky, Helena: *Die Geheimlehre* [*A Doutrina Secreta*, 6 vols. Editora Pensamento. São Paulo, 1987]
Blome, Götz: *Mit Blumen heilen* (Curar com as flores)
Bock, Emil: *Wiederholte Erdehleben* (Repetidas vidas na terra)
Borne, Gerhard: *Der Gral in Europa* (O Graal na Europa)
Brügge, Peter: *Die Anthroposophen* (Os antroposofistas)
Brunton, Paul: *Geheimnisvolles Ägypten* [*O Egito Secreto*. Editora Pensamento. São Paulo, 1988]
Bulwer-Lytton, Edward: *Zanoni* [*Zanoni*. Editora Pensamento. São Paulo, 1988]
Butler, E. M.: *Die hohe Schule der Magie* (A escola elevada da magia)
Chant, Joy: *Könige der Nebelinsel* (Reis da ilha da neblina)
Charpentier, John: *Die Templer* (Os templários)
Charpentier, Louis: *Macht und Geheimnis der Templer* (Poder e segredos dos templários)
Chögyam Trungpa: *Das Buch vom meditativen Leben* (O livro da vida meditativa)
Chögyam Trungpa: *Fuer trinken, Erde atmen* (Beber fogo e respirar terra)
Colquhoun, Ithell: *Sword of Wisdom* (A espada do conhecimento)
DeMille, Richard: *Die Reisen des Carlos Castaneda* (As viagens de Carlos Castañeda)
Derek e Julia Parker: *Universum der Astrologie* (O universo da astrologia)
Dethlefsen, Thorwald: *Das Erlebnis der Wiedergeburt* (A experiência do renascimento)
Dethlefsen, Thorwald: *Das leben nach dem Leben* (A vida após a vida)
Dethlefsen, Thorwald: *Krankheit als Weg* [*A doença como caminho*. Editora Cultrix, São Paulo, 1992]
Dowman, Keith: *Der heilige Narr* (O santo tolo)
Dumas, Alexandre: *Joseph Balsamo, gennant Cagliostro* (José Balsamo, chamado Cagliostro)

Ebertin, Reinhold: *Einführung in die Kosmobiologie* (Introdução à cosmobiologia)
Ebertin, Reinhold: *Kombination der Gestirneinflüsse* (Combinação das influências dos astros)
Edwards, Harry: *Geistheilung* (A cura do espírito)
Edwards, Harry: *Praxis der Geistheilung* (A prática da cura do espírito)
Eliade, Mircea: *Schmiede und Alchemisten* (A fundição e os alquimistas)
Eliade, Mircea: *Yoga-Unsterblichkeit und Freiheit* (A ioga – imortalidade e liberdade)
Endres/Schimmel: *Das Mysterium der Zahlen* (O mistério dos números)
Evans-Wentz, W. Y.: Milarepa – Tibets grosser Yogi, [*Milarepa – História de um Iogue Tibetano*. Editora Pensamento. São Paulo, 1986]
Fährmann, Johannes: *Grosser theosophischer Katechismus* (O grande catecismo teosófico)
Findeisen/Gehrts: *Die Schamanen – Jagdhelfer und Ratgeber, Künder und Heiler* (Os xamãs – ajudantes de caça e conselheiros, repórteres e curadores)
Fleming, Beatrice: *Das theosophische Weltbild* (A visão teosófica do mundo)
Fortune, Dion: *Moon Magic* [*A sacerdotisa da lua*. Editora Pensamento. São Paulo, 1988]
Fortune, Dion: *The Demon Lover* [*Paixão diabólica*. Editora Pensamento. São Paulo, 1988]
Fortune, Dion: *The Goat-Foot God* (O deus com pés de bode)
Fortune, Dion: *The Sea Priestess* [*A sacerdotisa do Mar*. Editora Pensamento. São Paulo, 1988]
Fortune, Dion: *The secrets of Dr. Taverner* (Os segredos do dr. Taverner)
Fortune, Dion: *The winged Bull* (O touro alado)
Frater, V. D.: *Handbuch der Sexualmagie* (Manual de magia sexual)
Frick. Karl: *Das Reich Satans* (O reino de Satã)
Frick. Karl: *Die Erleuchteten* (Os iluminados)
Frieling, Kurt: *Christentum und Wiederverkörperung* (O cristianismo e a reencarnação)
Geider, Gert (organizadores): *Paramedizin – andere Wege des Heilens* (Paramedicina – outros caminhos de cura)
Golowin, Sergius: *Hexen, Hippies, Rosenkreuzer* (Bruxas, hippies e rosacruzes)

Golowin, Sergius: *Das Reich der Schamanen* (O reino dos xamãs)
Golowin, Sergius: *Die Welt des Tarot* (O mundo do Tarô)
Golowin, Sergius: *Magier der Berge* (Feiticeiros das montanhas)
Golowin, Sergius: *Paracelsus im Märchenland* (Paracelso no país das fadas)
Görden, Michael (organizador): *Das grosse Buch der erotischen Phantanstik* (O grande livro do fantástico erótico)
Görden, Michael (organizador): *Das grosse Buch der Fantasy* (O grande livro da fantasia)
Görden, Michael (organizador): *Das grosse Buch der Phantastik* (o grande livro do fantástico)
Govinda, Anagarika: *Die Grundlagen tibetischer Mystik*, [*Fundamentos do Misticismo Tibetano*. Editora Pensamento. São Paulo, 1990]
Gräfe von Unzer: *Yoga für alle Lebensstufen* (Ioga para todas as etapas da vida)
Grant, Joan \Kelsey, Deny: *Wiedergeburt und Heilung* (Renascimento e cura)
Greene, Liz: *Kosmos und Seele* (O cosmos e a alma)
Gurdjieff, G. I: *Begegnung mit bemerkenswerten Menschen*, [*Encontro com homens notáveis*. Editora Pensamento. São Paulo, 1990]
Gyaltsen, Sherab Amipa: *Geistesschulung im tibetanischen Buddhismus* (Escola espiritual no budismo tibetano)
Haich, Elizabeth: *Einweihung*, [*Iniciação*. Editora Pensamento. São Paulo, 1991]
Hämmerling, Elizabeth: *Orpheus' Wiederkehr* (A volta de Orfeu)
Harner, Michael: *Der Weg des Schamanen* [*O caminho do xamã*, Editora Cultrix, São Paulo, 1989]
Hartmann, Franz: *Im Vorhof des Tempels der Weisheit* (No saguão do Templo da Sabedoria)
Hartmann, Franz: *Paracelsus* (Paracelso)
Hellmond, Johannes: *Die entschleierte Alchemie* (A alquimia desvelada)
Hillman, James: *Pan und die natürliche Angst* (Pã e o medo natural)
Hittleman, Richard: *Yoga – das 28 Tage-Programm* (Ioga – o programa dos 28 dias)
Hittleman, Richard: *Yoga-Meditation – ein 30 Tage-Programm* (Meditação ióguica – um programa mensal)

Howe, Ellic: *The Magicians of the Golden Dawn* (Os feiticeiros da Aurora Dourada)
Huber, B. e L.: *Lebensuhr im Horoskop* (O relógio da vida no horóscopo)
Huber, Louise: *Die Tierkreiszeichen* (Os signos zodiacais)
Humphreys, Christmas: *Karma und Wiedergeburt* (Karma e renascimento)
Hürlimann, Gertrud: *Lehrbuch der Astrologie* (Manual de astrologia)
Kaiser, Ernst: *Paracelsus* (Paracelso)
Kalweit, Holger: *Traumzeit und innerer Raum* (Tempo de sonho e espaço interior)
Kennedy Winner, Anna: *Leitfaden zur okulten Weisheit* (Dicionário da sabedoria ocultista)
Kersten, Holger: Jesus lebte in Indien (Jesus viveu na Índia)
Klein/Dahlke: *Das senkrechte Weltbild* (A visão vertical do mundo)
Kyber, Manfred: *Die drei Lichter der kleinen Veronika* (As três luzes da pequena Verônica)
Lechner, Auguste: *Parzival. Auf der Suche nach der Gralsburg* (Parsifal. Em busca do castelo do Graal)
Leisegang: *Die Gnosis* (A gnose)
Leland, Charles G.: *Aradia, die Lehre der Hexen* (Aradia, o ensinamento das bruxas)
Lengyel, Lancelot: *Das geheime Wissen der Kelten* (A sabedoria secreta dos celtas)
Leuenberger, Hans-Dieter: *Schule des Tarot* (A escola do tarô), em 3 volumes
Leuenberger, Hans-Dieter: Tarot-Meditation (Meditação do tarô)
Lévi, Eliphas: *Die Geschichte der Magie* [A história da magia. Editora Pensamento. São Paulo, 1974]
Lévi, Eliphas: *Transzendentale Magie* (Magia transcendental)
Lopez-Pedrasa, Rafael: *Hermes oder Die Schule des Schwindelns* (Hermes ou a escola do embuste)
Lütge, Lothar Rüdiger: *Carlos Castaneda und die Lehre des Don Juan* (Carlos Castañeda e os ensinamentos de Don Juan)
Machen, Arthur: *Die leuchtende Pyramide* (A pirâmide iluminada)
Malory, Thomas: *Die Geschichte von König Artus* (A história do rei Artur)
Martin, Bruno: *Handbuch der spirituellen Wege* (Manual dos caminhos espirituais)

Mathew, John: *Der Gral* (O Graal)
Mertz, Bernd A.: *Psychologische Astrologie* (Astrologia psicológica)
Meyer, Rudolf: *Zum Raum wird hier die Zeit* (Aqui o tempo se transforma no espaço)
Meyrink, Gustav: *Das grüne Gesicht* (O rosto verde)
Meyrink, Gustav: *Der engel vom westlichen Fenster* (O anjo da janela ocidental)
Meyrink, Gustav: *Der Golem* (O Golem)
Meyrink, Gustav: *Der weisse Dominikaner* (O dominicano branco)
Mitchison, Naomi: *Kornkönig und Frühlingsbraut* (O rei do trigo e a noiva da primavera)
Moser, Bruno: *Bilder, Zeichen und Gebärden* (Imagens, desenhos e costumes)
Muck, Otto: *Alles über Atlantis* (Tudo sobre a Atlântida)
Müller, Ernst: *Der Sohar* (O Sohar)
Murray, Margaret A: *The God of the Witches* (O deus das bruxas)
Murray, Margaret A.: *The Witch cult in Western Europe* (O culto às bruxas na Europa ocidental)
Nichols, Sallie: *Die Psychologie des Tarot* [Jung e o tarô. Editora Cultrix. São Paulo]
Ouspensky, P. D.: *Auf der Suche nach dem Wunderbaren* (Em busca do maravilhoso)
Pagel, Elaine: *Versuchung durch Erkenntnis* (A tentação do conhecimento)
Philostratos/Mumprecht: *Das Leben des Appolonius von Tyana* (A vida de Apolônio de Tiana)
Plassmann, J. C.: *Orpheus – Altgriechische Mystik* (Orfeu – Misticismo grego antigo)
Pryse, James Morgan: *Reinkarnation im Neuen Testament* (Reencarnação no Novo Testamento)
Rahn, Otto: *Kreuzzug gegen den Gral* (A cruzada pelo Graal)
Ranke-Graves, Robert von: *Die Götter Griechenlands* (Os deuses da Grécia)
Ranke-Graves, Robert von: *Die weisse Göttin* (A deusa branca)
Ravenscroft, Trevor: *Der Kelch des Schicksals* (A taça do destino)
Raymond, Silva: *Die Geheimnisse des Cagliostro* (Os segredos de Cagliostro)

Regardie, Israel: *The Golden Dawn* (A Aurora Dourada)
Regardie, Israel: *What you should know about the Golden Dawn* (O que você deveria saber sobre a Aurora Dourada)
Reifler, Sam: *Das I-Ging-Orakel* (O oráculo do I-Ching)
Richardson, Alain: *Einführung in die mystische Kabbala* (Introdução à cabala mística)
Riedel, Ingrid: *Farben* (Cores)
Riedel, Ingrid: *Formen* (Formas)
Roll, Eugen: *Die Katharer* (Os cátaros)
Sakoian/ Acker: *Das grosse Lehrbuch der Astrologie* (O grande manual de ensino da astrologia)
Scheffer, Mechthild: *Bach-Blütentherapie* [Terapia floral do Dr. Bach. Editora Pensamento. São Paulo, 1991]
Scheidt, Jürgen von: *Wiedergeburt* (O renascimento)
Scholem, Gershom: *Die jüdische Mystik in ihren Hauptströmungen* (As principais correntes do misticismo judaico)
Scholem, Gershom: *Zur Kabbala und ihrer Symbolik* (Da cabala e de seu simbolismo)
Schult, Arthur: *Astrosophie* (Astrosofia)
Schult, Arthur: *Dantes Divina Commedia als Zeugen* (A Divina Comédia de Dante como testemunho)
Schultz, Wolfgang: *Dokumente der Gnosis* (Documentos sobre a gnose)
Schuré, Eduard: *Die grossen Eingeweihten* (Os grandes iniciados)
Sharkey, John: *Die keltische Welt* (O mundo celta)
Sherwood, Keith: *Die Kunst spirituellen Heilens* (A arte da cura espiritual)
Sporner, Hermann: *Wittes Planetetenbilder + Transneptuner = Moderne Astrologie* (Imagens planetárias + transnetunianos = astrologia moderna)
Spunda, Franz: *Baphomet* (Bafomet)
Spunda, Franz: *Devachan* (Devachan)
Starhawk: *Der Hexenkult als Ur-Religion der grössen Göttin* (O culto às bruxas como religião primordial da grande deusa)
Staudenmaier, Ludwig: *Die Magie als experimentelle naturwissenschaft* (A magia como ciência natural experimental)
Steiner, Rudolf: *Die Geheimwissenschaft im Umriss* (Os contornos da Doutrina Secreta)

Steiner, Rudolf: *Theosophie* (A teosofia)
Steiner, Rudolf: *Die erlangt man Erkenntnis höherer Welten?* (Como obter conhecimento de mundos mais elevados?)
Sterneder, Hans: *Der Wunderapostel* (O apóstolo milagroso)
Stevenson, Ian: *Reinkarnation* (Reencarnação)
Storl, Wolf-Dieter: *Vom rechten Umgang mit heilenden Pflanzen* (Como lidar corretamente com as plantas curativas)
Surya, G. W.: *Paracelsus – richtig gesehen* (Paracelso à luz da verdade)
Sutcliff, Rosemary: *Galahad* (Galahad)
Sutcliff, Rosemary: *Merlin und Artus* (Merlin e Artur)
Symonds, John: *Aleister Crowley. Das Tier 666* (Aleister Crowley. A besta 666)
Szepes, Maria: *Der Rote Löwe* (O leão vermelho)
Tegtmeier, Ralph: *Der heilende Regenbogen* (O arco-íris curativo)
Tegtmeier, Ralph: *Die heilende kraft der Elemente* (A força curativa dos elementos)
Tegtmeier, Ralph: *Tarot. Geschichte eines Schicksalspiels* (O tarô, história de um jogo do destino)
Teichmann, Frank: *Der Mensch und sein Tempel: Ägypten* (O homem e seu templo – o Egito)
Tetzlaff, Irene: *Der Graf von Saint- Germain* (O Conde de Saint-Germain)
Traumann, Werner: *Naturwissenschaftler bestätigen Re-Inkarnation. Fakten und Denkmodelle* (Cientistas confirmam a reencarnação. Fatos e modos de pensar)
Tributsch, Helmut: *Die gläsernen Türme von Atlantis* (As torres de vidro da Atlântida)
Uexküll, Woldemar: *Die Einweihung im alten Ägypten nach dem Buch Thoth* (A iniciação no antigo Egito segundo o livro de Thot)
Vaillant, Bernard: *Westliche Einweihungslehre* (Ensinamento iniciático ocidental)
van der Waerden, B. L.: *Die Pythagoraer* (Os pitagóricos)
Vögeli, Adolf: *ABC der Gesundheit* (O ABC da saúde)
Vögeli, Adolf: *Die korrekte Homöopathische Behandlung in der täglichen Praxis* (O tratamento homeopático correto na prática diária)
von Xylander, Ernst: *Lehrbuch der Astrologie* (Manual de astrologia) Wasson/Ruck/Hoffmann: *Der Weg nach Eleusis* (O caminho para Elêusis)

Wehr, Gerhard: *Der innere Weg* (O caminho interior)
Wehr, Gerhard: *Die Bruderschaft der Rosenkreuzer. Esoterische Texte* (A fraternidade rosa-cruz. Textos esotéricos)
Wehr, Gerhard: *Esoterisches Christentum* (Cristianismo esotérico)
Weiss, Claude: *Horoskopanalyse. Band I und II* (Análise de horóscopos em dois volumes)
Weiss, Hartmut: *Quellen der Yoga* (Fontes da ioga)
Wilhelm, Richard: *I Ging* [*I Ching – O livro das mutações*. Editora Pensamento. São Paulo, 1990]
Wilson, Colin: *Das Okkulte* (O oculto)
Wilson, Colin: *Rudolf Steiner*
Wing, R. L.: *Das Arbeitsbuch zum I Ging* (O caderno de exercícios para o I Ching)
Wittmann, Ulla: *Leben wie ein Krieger* (Viver como guerreiro)
Wolfram V. Eschenbach/Stapel: *Parzival* (Parsifal)
Yates, Frances A.: *Aufklärung im Zeichen des Rosenkreuzes* [*O ilumismo rosa-cruz*. Editora Cultrix. São Paulo, 1983]
Zeugner, Andrea: (Montano, Mario): *Tarot – Spiegel des Lebens* (Tarô – espelho da vida) Zimmer-Bradley, Marion: *Das Licht von Atlantis* (A luz da Atlântida)
Zimmer-Bradley, Marion: *Die Nebel von Avalon* (As brumas de Avalon)
Zondergeld, Rein A.: *Das Lexikon der Phantastischen Literatur* (Dicionário da literatura fantástica)
Zweig, Stefan: *Die Heilung durch den Geist* (A cura através do espírito)